检察业务管理指导与参考

JIANCHA YEWU GUANLI
ZHIDAO YU CANKAO

最高人民检察院案件管理办公室／编

2024年
第4辑
（总第28辑）

中国检察出版社

图书在版编目（CIP）数据

检察业务管理指导与参考．2024 年．第 4 辑：总第 28 辑／最高人民检察院案件管理办公室编．—北京：中国检察出版社，2024. 12. —ISBN 978 - 7 - 5102 - 3152 - 0

Ⅰ．D926. 3 - 55

中国国家版本馆 CIP 数据核字第 2024LT5824 号

检察业务管理指导与参考（2024 年第 4 辑）

最高人民检察院案件管理办公室　编

责任编辑：史世琦
技术编辑：王英英
美术编辑：徐嘉武

出版发行：中国检察出版社
社　　址：北京市石景山区香山南路 109 号（100144）
网　　址：中国检察出版社（www. zgjccbs. com）
编辑电话：（010）86423736
发行电话：（010）86423726　86423727　86423728
　　　　　（010）86423730　86423732
经　　销：新华书店
印　　刷：唐山玺诚印务有限公司
开　　本：710 mm × 960 mm　16 开
印　　张：10　插页 6
字　　数：126 千字
版　　次：2024 年 12 月第一版　　2024 年 12 月第一次印刷
书　　号：ISBN 978 - 7 - 5102 - 3152 - 0
定　　价：40. 00 元

《检察业务管理指导与参考》
编　委　会

前　言

2019年3月，《检察业务管理指导与参考》创刊，如一株破土而出的幼苗，根植于“四大检察”全面协调充分发展的“沃土”，伴随案管工作实践，在全国案管人的重视与呵护下茁壮成长，不断结出引领检察业务管理助推检察业务高质量发展的累累硕果。

《检察业务管理指导与参考》作为检察业务管理理论与实务研究的专门期刊，始终秉持的宗旨是，深化理论研究以指导工作，推介实务经验以供借鉴参考，理论与实务紧密结合，促进全国案件管理工作深入开展，为“四大检察”发展贡献案管力量。

我们致力于把《检察业务管理指导与参考》打造成案件管理理论创新的基地。深入学习贯彻习近平法治思想，革除不合时宜的观念理念，打破体制机制的制度性障碍，聚焦案件管理的基础理论、重大课题和制约案件管理创新发展的“瓶颈”问题，与时俱进创新案件管理理论，引领不断发展的案件管理工作实践。

我们致力于把《检察业务管理指导与参考》打造成实务经验交流的载体。鼓励实务探索，倡导凝练总结，将“三大监督”“四大服务”“管好管理”的生动实践，融入理性思考和理论升华，通过《检察业务管理指导与参考》这个平台晒出来、辩起来、推广开来，促进交流碰撞和思想解放，从而始终保持案件管理机制改革创新的源头活水，助推案件管理工作整体提升。

我们致力于把《检察业务管理指导与参考》打造成开阔案件管

理眼界的窗口。跳出检察业务管理的拘囿，加强中外司法管理的比较研究，汲取其他执法司法机关的业务管理理论成果，借鉴社会治理、现代企业管理的成功实践和创新理论，引导案管人打开眼界，拓宽视野，以“他山之石”，成案件管理之功。

《检察业务管理指导与参考》是案管人自己的刊物，记载着案管人的奋斗与追求、激情和汗水，更将描绘出案件管理工作的希望与梦想、今天与明天。案件管理理论研究，案管人使命在肩，责无旁贷。各地案件管理部门和广大案管人，既要重视、支持和参与撰稿投稿、编审征订工作，也要学好用好这个刊物，为案件管理工作助力、赋能。

理论启智心灵，实践创造非凡。让我们一起为案件管理工作铺一条光明的路，开满希望的花，结出丰硕的果。

目　录

领导论坛

理论前沿

实践探索

地方专栏 · 江苏

案管风采

领导论坛

LINGDAO LUNTAN

中国军主任在第七期案件管理工作专题研修班（流程监控培训）上的总结讲话（摘编）

目　次

这次培训班是全国检察机关案管部门学习领会党的二十届三中全会精神，贯彻落实大检察官研讨班精神，加强案管队伍建设的一项重要举措。在为期 7 天的培训中，各省学员遵守培训纪律，认真接受培训，加强研讨，表现出良好的敬业态度和精神风貌。特别是通过流程监控实战演练，评选出 10 位检察机关案件流程监控“标兵型人才”和 40 位“能手型人才”。我代表最高检案管办，对“标兵型人才”和“能手型人才”表示热烈的祝贺！

这次专题培训和实战演练是最高检第一次就案件流程监控组织的专题研修。在组织筹备、课程安排方面，坚持政治培训与业务培训相结合，首先安排了党的二十届三中全会精神解读课程，强化政治引领；坚持实务培训与实战演练相结合，干、学、练、考一体推进，突出实战演练；坚持实务工作与信息化建设相结合，组织演示优秀流程监控软件，引导大家增强信息化、智能化意识；坚持覆盖全面与突出重点相结合，针对文书监控、期限监控、系统操作、线索移送等重点内容，设置“短而精”的课程。总体来讲，这次培训集“赛、训、评、展”于一体，形式多样，内容丰富，反响不错。一是主题鲜明，提升流程监控专业能力。改变以前“拼盘式”培训，如讲一节质量评查课、讲一节分析研判课、讲一节业务信息化课，请几位专家学者讲讲理论，再讲作风纪律，都讲到了，但是都讲不深、讲不透。这次就是围绕一个主题，方方面面讲流程监控，实战演练流程监控。二是赛训结合，举办流程监控实战演练。此次培训采取以赛促训、以训促干的形式，让学员兼选手，在培训中找重点，在比赛中找差距，从而达到锻炼队伍、提升能力的效果。三是软件展评，助力流程监控智能化水平。此次培训，挑选流程监控信息化系统比较成熟的上海、浙江、湖南等检察院的相关同志，现场介绍流程监控软件的性能和使用情况，同时邀请检察日报社大数据研究院的相关负责同志介绍智慧案管软件，让大家开阔眼界思路，树立智能管理理念。四是精心谋划，指导各地进一步深化案件管理工作。在培训竞赛期间，组织召开了部分省、市、自治区案管办主任座谈会，同时召开了案件管理专业委员会部分理事和常务理事研讨会，就最高检案管办出台的管理系列教材进行专门研讨，为案件管理工作未来的发展奠定了坚实的基础。

2024 年 7 月中旬，党的二十届三中全会对党和国家事业各领域各方面作出系统改革部署。7 月底召开的大检察官研讨班，要求进一步全面深化检察改革、推进检察工作现代化。8 月 19 日，应勇检察长在最高检党组会上强调，要认真贯彻落实《最高人民检察院关于加快推进新时代检察业务管理现代化的意见》（以下简称《意见》)，深入研究如何进一步加强和完善检察管理，下决心取消一切不必要、不恰当、不合理的考核，把管理方式从过于注重数据管理调整到更加注重业务管理、案件管理、质量管理上来，把数据宏观分析功能与微观案件评查紧密结合起来，不断提高检察管理现代化水平，促进落实和完善司法责任制，引导广大检察人员把精力放到高质效办好每一个案件上，放在办好每一个案件的每一个环节上，真正做到严格依法办案、公正司法。这次培训就是要深入学习贯彻党的二十届三中全会精神、大检察官研讨班精神，落实应勇检察长 8 月 19 日在最高检党组会上的指示精神，以钉钉子的精神抓落实，全面深化案件管理工作改革，推进案件管理工作发展。

一、深入落实《最高人民检察院关于加快推进新时代检察业务管理现代化的意见》

2024 年 1 月，最高检印发了《意见》，这是今年第一次检委会通过的第一份文件。在 8 月 19 日的党组会上，应勇检察长专门强调要认真贯彻落实《意见》。贯彻落实好《意见》是案管部门的头等大事、要事。第一，案件管理部门要带动促进相关部门落实好《意见》。《意见》明确要构建以检察长和检委会宏观业务管理为统领，办案部门自我管理为基础，案件管理部门专门管理为枢纽，相关部门协同管理为保障的全方位、立体化检察业务管理格局。贯彻《意见》是各级检察机关的工作，也是各条线的工作，案管办作为业务管理枢纽，要责无旁贷地推动《意见》在各级院、各条线贯彻落实。最高检案管办对各地贯彻《意见》的举措进行了总结，有的出台了实施意见，有的出台了细则，但也有十几个省没有报送。省级院案管办主任要当好领导的参谋助手，参考借鉴兄弟省做法，给领导提出建议。最高检案管办还赴各省对《意见》进行解读，推动《意见》在检察机关的整体落实。第二，积极推动《意见》在案管部门的落实，突出体现在落实《意见》的实施意见上。2024年是案件管理部门取得重大实效的一年，《意见》是业务管理的“小宪法”。最高检案管办又出台贯彻《意见》的实施意见，即《检察机关案件管理部门贯彻落实〈最高人民检察院关于加快推进新时代检察业务管理现代化的意见〉的实施意见》（以下简称《实施意见》），明确提出了案件管理的一个定位、两项职责、三个理念、四化建设、五个体系、六大能力的总体工作要求。案件管理部门要把贯彻《实施意见》作为贯彻《意见》最重要的方式；切实发挥枢纽作用，把贯彻“一二三四五六”总体工作要求作为贯彻《意见》的具体举措。对《意见》及《实施意见》的贯彻是案件管理部门在今后相当长一段时间内的头等大事、首要任务。不仅要学，更要有措施，还要有效果、有反馈。

二、持续加强对具体个案的管理

应勇检察长明确提出要把数据宏观分析功能与微观案件评查紧密结合起来，引导广大检察人员把精力放到高质效办好每一个案件上，放在办好每一个案件的每一个环节上。案件管理部门的立身之本是对个案的监督管理。分析研判是为领导宏观管理、科学决策服务的，属于“四大服务”中的第一个服务，不要当成管理。流程监控和质量评查是案件管理部门的核心业务。首先要深化案件质量评查，加强对个案的实体监管。最高检案管办通过对2019年以来1228个不合格案件的分析，发现评查工作仍然存在着问题，比如想评查就评查，不想评查就不评查；即使评查了，也大事化小，小事化无；找的许多问题都是订卷问题、错别字等程序性、瑕疵性问题。最高检案管办直接组织的质量评查，评查出的不合格率是地方不合格率的近7倍，也就是说，地方不合格率很低，说明办案和评查都有问题。因此，强调深化案件质量评查，加强对个案的实体监管，重要的是把重点案件评查落到实处。最高检出台的质量评查工作规定明确提出，对捕后不诉、撤回起诉、判无罪、免予刑事处罚和反复申诉等重点案件逐案评查，但许多地方都没做到逐案评查。因此，首先，要对案件进行逐案清查，真正进行质量评查，评查检察官要承担司法责任。其次，要把常规抽查落到实处。最高检明确规定对每个检察官每年办案的5%、至少两件案件进行抽查，但也没有做到位，特别是有些把重点评查等同于抽查，冒充抽查的数量。最后，要加强专项的评查。每年都要组织一些专项评查，对办案中存在的突出问题、人民群众反映强烈的突出问题、领导特别关注的问题组织专门评查。对于这三样评查，最高检的相关文件都有专门的规定，是不落实的问题。因此，第一，各位主任要落实上述三样评查。强调质量评查，更要注重总结分析。每年评查都要给最高检写一个分析报告，综合的分析、专题的分析，写报告要向分管检察长、检察长报。第二，要深化案件流程监控，加强个案的程序监管。应勇检察长提出，要把精力放在办好每一个案件的每一个环节上。那么，对于案管部门来说就是流程监控。要聚焦流程监控的实务性，加强对办案的程序、办案的期限、诉讼权利的保障等的监控，加强对涉案财物的管理，要把流程监控作为核心业务，切实克服当前流程监控走形式、走过场、表面化、浅层次的问题。目前，流程监控形式化的问题特别明显，下一步要对流程监控进行规范。通过软件，把规定做到系统里，做在程序中，变成硬约束，要让系统自动发现问题、自动提醒、自动提出纠正意见、自动反馈。这些最高检已经基本做到了，“十个一键”也正在做，努力提高流程监控的智能化水平。流程监控监督的难度比质量评查还要大。质量评查有问题，还可以确定为合格或不合格，但是流程监控往往睁一只眼闭一只眼，所以难度更大，要下大力气解决这方面的问题。流程监控也要进行综合分析，每季度、每年都要进行综合分析，从案件受理、分流的全过程监控，到专题分析结案存在的问题，一个个解决。最高检案管办前一段时间出台了《检察机关案件受理 100 问》，明确了案件受理范围，并通过随机分案为主、指定分案为辅的方式分流，在源头上切断出现办关系案、不廉洁案件的可能性。流程监控和质量评查的目标是，通过对个案的监管促进高质效办好每一个案件的落实。工作开展得好或不好，要看办案的质效能不能上去。

三、 积极稳妥推进案件管理改革创新

2024 年 5 月，最高检案管办在广西南宁举办了第三届全国检察机关案管业务竞赛，同时专门召开了省级院案管部门负责人的座谈会，明确了案件管理工作改革创新和规范发展的总基调，提出了进一步深化案件管理的理论创新、内容创新、机制创新、制度创新和方法创新 5 个方面的创新。到目前为止，没有一个省给最高检案管办报告是如何落实的。这里要强调几点：第一，各地要积极落实，坚持问题导向。案管工作存在哪些问题就在哪方面推进改革，通过改革促进案管工作更加高效。第二，要坚持法治思维。按照最高检的部署，稳妥推进，不能一哄而上。特别是每项改革都要于法有据、于规有据，不能越权，拿不准的要请示汇报，不得擅自行动。第三，不要为改革而改革，为创新而创新，要少说多做或只做不说。实践是检验真理的唯一标准，试点的改革要以成效来评价。当前，特别要抓好提级质量评查、异地评查、人民监督员工作的双向反馈、律师的异地阅卷等。另外，要对现在开展的一些改革试点进行逐项梳理，研究其必要性、可行性。必要性、可行性不大的就停止，有偏差的就要纠正更正。希望大家在改革创新中要稳妥推进。

四、 继续推进案件管理工作协调发展

案管工作要做到全面协调发展，全国“一盘棋”，一个也不能落下，要以先进带后进，地方带专门检察，互相协调，整体推进。

第一，要用好最高检研发的电子文库。第二，要做好结对工作。一是援疆、援藏、援助兵团结对帮扶，新疆西藏兵团47个院的案管部门与内地的院开展结对帮扶。二是结对共建。北京市二分院与赣州市院的结对共建，天津、上海与云南西畴、富宁两地检察机关的结对共建，也要采取有效的措施积极推进。三是军地共建。近期要召开军地共建的专门会议，推动5个省级院与5大战区检察院、军事检察院开展军地共建。推动全国案管工作协调发展，一定要有措施、有实效、有总结，总结的经验还要可推广、可复制，这些都是基本的要求。省院的主任也有责任和义务去指导、去推动这项工作，时机方便时要直接到现场去指导、去交流，也可以把他们邀请过来，至少要经常视频联系。

五、 以教材的编写加强案件管理的理论建设

今年的一个主要任务是强基固本、创新规范。强基固本，理论是根本。要强两个基、固两个本，其中一个是理论建设，另一个是信息化、数字化、智能化建设。为什么要加强理论建设？经过十几年的发展，总结了大量实践经验，需要把这些实践经验固定下来，升华到理论。这是加强理论建设的第一个前提。第二个前提是案件管理的制度机制建设基本完备，以《意见》和《实施意见》这两个规范性文件为基础，构建了案件管理四梁八柱，为理论建设提供了最基本的遵循，特别是“一二三四五六”的总体工作要求。第三个前提是连续三年开展课题研究征文，每年都投入20万元搞课题研究，今年投入了近50万元搞课题研究。这些课题、征文为理论建设打下了坚实的基础。包括我个人，也有《案件管理实务精要十二讲》《案件管理专题研究十八篇》，这些都是打下的基础。第四个前提是连续出版物《检察业务管理指导与参考》已积累了相当多的实务方面的经验、理论方面的研究材料文章。大家注意，这个刊物的

名称不是“案件管理的指导与参考”，而是“检察业务管理指导与参考”，所以征订的时候，兄弟部门是可以看的。此外，要凝心聚力出版一套检察机关案件管理的实务教程。经过研究，初步包含“1 +3 +1”，“1”是检察机关案件管理实务教程概论或总论，“3”是流程管理、质量管理、数据管理三个方面的管理，再加一个“1”，就是规范性文件制度的汇编。这套系列教材已基本就位，专业委员会的部分常务理事、检察长、分管检察长，还有一些学术界的专家教授、省院的部分案管主任都提出了好建议。准备 9 月再修订一稿，10 月再次征求意见，争取本年度征订发行。对于征订工作，对各省主任提两条意见：第一，要积极参与教材的修改，积极提意见。第二，要认真组织征订，要做到至少人手一套，将这套教材作为指导日常工作开展、解决难题的工具书、提升能力素质的案头书。新来的干部工作怎么开展、怎么提高能力素质，首先要看教材。也可以作为兄弟部门检察官办案的参考书，切实指导工作。

六、 提升案管人员素质能力

案管人员的能力，首先是政治素质、政治素能，其次是业务素能和职业道德素能。“一二三四五六”总体工作要求中的“六”，就是指案管人员的六大能力，即政策把握能力、法律适用能力、数据统计能力、分析研判能力、流程监控能力和质量评查能力。如何提高六大能力？第一，要抓基础知识，要抓案管基础知识掌握、基本素能养成。把政治的基础知识、法律的基础知识、检察业务的基本知识、案管业务的基本知识、国学的基本知识、数据的基本知识都要牢记在心，掌握好这些基础知识，提升基本素能。最高检案管办正在出一套题，并研发软件，还要再搞一次竞赛，检验大家的学习成效。第二，要抓专题专项、专门人员的实战演练，要分类培训、专题培训，不搞“拼盘式”培训，重点开展实战演练。最高检已经连续三年开展了三次实战演练：分析研判的实战演练、质量评查的实战演练、流程监控的实战演练。多开展实战演练，给年轻人成长的机会、提高能力水平的机会。干什么就学什么、考什么，就实战演练什么，不要搞太多的高精尖，先把基本的东西拿到手。第三，要在成果共享中实现工作共进。从基础知识的掌握、基本素能的养成，到实战演练、专题培训，再到成果共享中实现工作共进，加强队伍建设。首先要把电子文库利用起来。电子文库已经有4600多份资料，涵盖领导讲话、规范性文件、工作的经验、综合分析、专题分析等，要多研究，然后与实际相结合。32个省级院共同的成果，被一个省院案管办拿来用，就相当于32个单位支持一个单位。但是各地使用情况参差不齐，江苏、广西、兵团浏览人数达到7000人次以上，云南、湖北、广东达到6000人次以上，重庆、上海、北京、西藏、河南等地还不到500人次。参考借鉴、共享，然后就能共进。第四，加强智慧案管建设，把创新工作的方式方法作为提高能力水平的一个根本途径。信息化建设也是创新方法，下一步各地要用好最高检的案管系统，包括“10个一键”，把案件管理系统作为破解案管部门人员少、任务重、要求高、时间紧的治本之策。所有简单的、重复性的工作都交给机器来完成，人工就完成复杂的、创造性的工作。

这次培训班是提高案管能力、展示案管水平的一次交流会，也是统一思想、凝聚共识的动员会，更是创新发展、规范发展的推进会。各级案管部门要立足监督服务的主责主业，充分发挥检察业务管理的枢纽作用，切实以高质量的管理助推高质效的办案，发挥案件管理部门的价值作用。此外，获得这次实战演练前10名的“标兵型人才”，将被直接纳入最高检案管办流程监控的人才库。希望这次获得“标兵型人才”“能手型人才”称号的学员再接再厉，没有取得理想成绩的同志要继续努力！

理论前沿

LILUN QIANYAN

案件质量评查落实“高质效办好每一个案件”检察履职价值导向的路径研究*

北京市人民检察院课题组**

目　次

---

* 本文系北京市人民检察院2024年度检察理论研究课题《案件质量评查落实“高质效办好每一个案件”检察履职价值导向的路径研究》（立项编号 BJ2023B42）的阶段性成果。

** 课题组负责人：杨静，北京市人民检察院第十二检察部主任。课题组成员：门植渊，北京市人民检察院第十二检察部检察官助理；李扬，北京市东城区人民检察院第八检察部副主任；张达明，北京市东城区人民检察院内部案件监督组检察官助理；韩菡，北京市东城区人民检察院第八检察部检察官助理。

（一）瞄准提升办案质效的目标，更新工作理念

（二）发挥大数据效能，实现个案评查向类案质效管控的跨越

（三）服务与监督并举，找准评查结果运用的“结合点”

（四）强化评查人才建设，提升业务素能

高质效办好每一个案件与案件质量评查工作质量存在紧密的内在逻辑关联。高质效办好每一个案件，重在“高质效”、难在“每一个”，从这个角度来看，高质效办案是对微观个案办理的具体要求。同样，案件质量评查也是对微观个案的质量评价。因此，案件质量评查与高质效办案具有紧密内在联系。不同的是，高质效办案贯穿案件办理全过程，具有动态性、实时性。而案件质量评查是在案件办结后的评价，具有静态性、事后性。需要建立健全事后评价机制，并进一步完善案件质效评估机制，形成对检察监督履职办案的科学评价，通过制度支撑，激励检察人员客观公正高效履职，以助力实现高质效办案。

一、案件质量评查对构建高质效办案综合评估机制的作用

（一）通过案件质量评查搭建类案办理标准数据库，做好案件质效差异控制

只要符合法律的规定，在承办检察官自由裁量范畴内，同类案件出现不同的处理结果，都不会成为影响案件质效的决定性因素。但是过大的处理差异也会影响法律适用的均衡度，同案不同处理、同案不同判的情况多次发生势必会引起当事人和人民群众对案件公正性的质疑。为此，要通过案件质量评查做好案件质效的“差异控

制”。一是通过横向比对发现案件质效存在的问题和隐患，及时分析原因，及时提出解决对策。二是通过案件质量评查搭建问题数据库，通过对各业务条线的案件质效和存在问题进行差异性分析，了解不同业务部门案件特点、趋势和存在问题，分析原因并提出提升办案质效的有效路径。三是通过对类案不同处理的差异分析，研究类案办理的规律和特点，对证据标准不统一、法律适用差异较大等问题开展实证研究，最大限度地统一执法、司法标准，解决认识分歧，控制影响办案质效的差异性。

（二）通过重点案件评查发现案件质效问题

通过分析重点个案的质量问题，研究出现问题的原因，有针对性地提出建议。这些重点个案包括逮捕后判处非羁押刑或免予刑事处罚、判决无罪的案件，检察机关移送法院后撤回起诉的案件，被法院判决改变定性的案件，引发舆情或当事人长期信访的案件等。应该说，这些案件并非绝对存在质量问题，但容易出现案件办理质效问题，因此需要在案件质效综合评估中予以重点关注。通过个案，以点带面发现类案问题，有针对性地进行分析后提出解决对策。

（三）程序监督与实体监督并重的案件质效管控机制

司法改革后，基层检察机关日常所承办的大量案件为普通刑事案件。在这些案件中，检察官具有更多的自主决定权，从强制措施适用，到案件的引导侦查、审查起诉、出庭支持公诉到裁判结果审查，案件承办过程中案件管理部门对办案流程可以进行预警和监控，但是案件的实体质效评估则往往要等到案件裁判生效的质量评查阶段，或在案件出现无罪判决、撤回起诉、当事人提出申诉、启动刑事申诉等程序时，以问题为导向对案件质量进行评价。程序监督和实体监督存在时间差，且实践中存在重程序监督、轻实体监督的倾向。如何能够将动态监督贯穿于刑事办案全过程是案件质效监督面临的重要课题。

二、 案件质量评查与其他案件质效管控措施的有机衔接

（一）与流程监控的有机衔接

案件质量评查是事后管控。以问题为切入点审视已结案件的办理质量和效果，但是案件存在的质量问题，实际上有可能在流程监控环节已经发现，而且成为案件质量评查发起的重要依据，因此需要做好流程监控和案件质量评查的有机衔接。流程监控对正在办理的案件在办案程序监督和结案审查等环节进行实时监控，发现问题后发起监控预警，要求承办检察官说明原因并有针对性地进行整改。在案件质量评查环节对这些程序性问题予以重点关注。同时，流程监控环节还可以通过网上巡查案件的方式对在办案件进行“抽样检查”，对重点案件进行过程控制。

（二）与审判监督和刑事申诉案件的有机衔接

在检察机关内履行审判监督职责的部门和人员，对生效裁判进行审查并发现审判监督线索，是对案件办理综合质效的系统审视和综合评估。实践中，案件质量评查往往会发现审判监督、侦查活动监督线索，而对于启动审判监督的案件，也需要通过反向审视来评估公诉案件办理质量，因此审判监督与案件质量评查共同构建起高质效办案的评估管控机制。同理，申诉案件的办理既是对生效裁判的再审查，也是对检察机关已结案件质效的评价和审视。案件质效正是在不断完善自我监督过程中发现问题，进而解决问题，以实现

案件办理质量和效果的不断提升。

（三）案件质量评查与外部监督的有机衔接

检察机关内部对案件质效的综合评估，既需要通过内部案件考评督导对案件办理质量和效果进行客观评价，同时也应注重收集其他机关和社会公众对检察办案的意见建议。对于案件质量评查情况，可以通过问卷调查、定期或不定期的座谈走访、邀请社会各界人士参与检察机关的执法办案活动等多种形式，听取其他政法机关、行政机关和人大代表、政协委员、人民监督员等社会公众对案件质量评查情况的意见建议，多视角审视检察工作，内部、外部监督共同发力，推动实现高质效办案。

三、以案件评查推动高质效办案的实践路径思考

（一）瞄准提升办案质效的目标，更新工作理念

要将宽严相济、依法一体履职、综合履职等工作理念贯穿到案件质量评查工作中，全面审视原案办理是否真正符合高质效办好每一个案件的理念。自觉落实“检察一体化”工作理念，将办案是否强化检察权的监督属性，是否彰显司法办案与监督办案双重内涵作为评查重要标准，充分整合案件质量评查的监督、纠错、指导与引领功能，适当延伸工作职能，提倡办案更好实现三效统一。自觉落实“努力让人民群众在每一个司法案件中感受到公平正义”的工作追求，加强对案件释法说理效果、侵财类与涉众型经济犯罪案件追赃挽损实效的评查力度。

（二）发挥大数据效能，实现个案评查向类案质效管控的跨越

要打好“线上智能筛查＋线下人工核查”的“组合拳”，高效

率排查可能存在的“问题案”，高质量复核案件问题，开展分析研判，推动问题整改。一是开展线上智能筛查。充分利用检察业务应用系统、案件质量评查子系统、流程监控子系统等多种智能化系统，对海量案件进行有针对性的排查，确保问题案件一件不漏，如通过案件评查与流程监控开展线上协同监督，科学设定筛查规则，进行拉网式筛查，梳理个案疑点，将被法院判决改变起诉定性、事实、情节、量刑建议等诉判不一致案件纳入重点案件评查计划。二是加强线下人工核查。将智能筛选的客观性与人工核查的主观能动性相结合，找准找实执法司法不规范问题。充分利用业务系统办案程序比对功能、案卡信息反查功能、业务数据分析功能等，集中力量对流程不规范、报表数据异常的案件进行全流程核查，形成详细的问题列表并反馈至案件承办人。比如，对办案程序实施联动监督，将流程监控中办案程序存在瑕疵的案件列为重点评查案件进行实时监控。对系统智能筛查出的疑似问题案件，尝试通过承办人自查、流程监控核查、案件评查复查，层层把脉问诊、联合会商共治，评析梳理、分类汇总文书在制作、使用、公开环节的突出问题，精准开展“靶向”整治。

（三）服务与监督并举，找准评查结果运用的“结合点”

为转化评查成果，要坚持将评查纠错与质量评讲紧密结合。一是形成常态化业务通报。就案件质量评查结果形成工作报告，召开检委会进行专题通报。二是以案件质量评查推动案件质效综合分析研判。汇总案件评查工作中发现的问题，分析一定时期内案件办理质效，提出针对性改进对策及建议。三是建立与检务督察部门的沟通协作机制。落实好《人民检察院案件管理与检务督察工作衔接规定》，联合检务督察部门，按照案件质量评查反馈整改清单，对评定出的案件瑕疵及问题整改情况进行实地专项督查，通过查阅整改材料、听取处理汇报，对整改中发现的问题进行专题研究，形成“发现、反馈、整改、督察”的闭环体系，防止“表面整改”“假装整改”等“反管理”情况发生。四是将评查结果纳入业绩考评体系。例如，北京市东城区人民检察院探索制定并出台了《北京市东城区人民检察院检察官业务绩效考评贡献度测算办法》，建立正向激励、反向倒逼的科学评价标准，强化案件质量评查结果运用，纳入对各部门工作评价和检察官考核体系。通过考评机制，严格督促落实司法责任制，确保责任到人。

（四）强化评查人才建设，提升业务素能

一是提升评查能力。整合质量评查、业务数据分析研判、流程监控、刑事判决审查等监督环节，定期开展专题研讨，从整体上对案件质效进行把控，推进检察业务管理现代化。强化案件质量反向审视，主动发现和督促整改司法办案活动在一定时期内存在的突出问题，提升发现和解决问题的能力。二是夯实队伍建设。健全案件质量评查人才库建设，确保有经验、有责任心的检察官参与到案件评查工作中来，在审视评判他人案件中学习借鉴、固强补弱，倒逼提升职业素养和业务能力。加强对青年干警的锤炼，依据任职经历，选任青年业务骨干担任案件评查检察官助理，参与评查研讨疑难复杂案件，充实评查队伍后备力量。三是加强经验交流。定制化分享监督工作经验成果，协助办案人员掌握办案规范，提升专业素能。

以“五个坚持”推动检察业务管理现代化

丁霞敏*

目　次

* 丁霞敏，甘肃省人民检察院党组副书记、副检察长。

（一）健全完善宏观指导和精准指导并抓的业务指导体系

（二）健全完善自我管理和其他管理并重的业务管控体系

（三）健全完善个案评价和整体评价并举的业务评价体系

（四）健全完善“请进来”监督和“晒出去”监督并行的外部监督体系

四、坚持以机制优化为关键，凝聚推进检察业务管理现代化的新合力

（一）强化机制的牵引带动

（二）强化机制的集成整合

（三）强化机制的常治长效

五、坚持以能力提升为基础，强化推进检察业务管理现代化的新支撑

（一）提升组织保障能力

（二）提升实践创新能力

（三）提升综合分析能力

（四）提升案例培优能力

《最高人民检察院关于加快推进新时代检察业务管理现代化的意见》（以下简称《意见》）深刻阐明了检察业务管理现代化的重要意义和丰富内涵，明确了检察业务管理理念、体系、机制、能力现代化的具体要求。检察机关要不断推动在思想上深化、理念上变革、体系上完善、机制上优化、能力上提升，真正解决谁来管、管什么、怎么管等基本问题，让检察业务管理跟上检察业务发展需求，以检察业务管理现代化保障和支撑检察工作现代化。

一、坚持以思想深化为先导，积蓄推进检察业务管理现代化的新动能

检察业务管理是检察工作的重要组成部分，事关检察监督办案质效提升，事关检察权依法规范运行。要坚持从政治上审视、全局上把握检察业务管理工作，进一步深化推进检察业务管理现代化的思想认识，切实增强做好做优的思想自觉和行动自觉。

（一）检察业务管理现代化是推进检察工作现代化的内在要求

检察工作现代化是一项系统工程，既包括检察理念、体系、机制、能力现代化，又包括“四大检察”现代化，还包括案件办理、业务管理现代化。其中，案件办理和业务管理犹如检察业务工作的“车之两轮”“鸟之双翼”，越强调案件办理，就越要重视业务管理。从这个意义上来讲，作为检察工作现代化的重要方面，检察业务管理现代化既是实现检察工作现代化的实践要求，也是有效途径。要紧紧围绕检察业务管理现代化这个主线，守正创新，强基固本，不断推进检察业务管理理念、体系、机制、能力现代化，实现与检察工作现代化同频共振。

（二）检察业务管理现代化是“高质效办好每一个案件”的重要保障

高质效办案必然要求高水平管理，高水平管理服务和促进高质效办案。从微观上讲，一个案件从受理到办结、从程序到实体、从统计数据到案件效能、从内部制约到外部监督，都离不开管理。从宏观上讲，管理与监督数据的分析研判、业务态势的监测预警、案件质量的评价管控同样重要。实践证明，办案质效上不去，业务管理一定有问题。要把检察业务管理贯穿案件办理的全过程、各环

节，以高质效管好每一个案件助推高质效办好每一个案件，让案件质量、效率、效果有机统一于公平正义。

（三）检察业务管理现代化是甘肃检察工作进入全国第一方阵的有效抓手

进入全国第一方阵，立足“高质效办好每一个案件”基本价值追求，以构建全员参与、权责明晰、系统完备、规范高效的业务管理格局为目标，积极探索构建以检察长和检察委员会宏观管理为统领、以办案部门自我管理为基础、以案件管理部门专门管理为枢纽、以相关部门协同管理为保障的全方位、立体化检察业务管理组织体系，引领甘肃检察干警更新管理理念、聚焦管理重点、改进管理方式，让检察工作回归到高质效办案本职本源，以“四大检察”全面协调充分发展推进检察业务管理现代化。

二、坚持以理念变革为引领，开拓推进检察业务管理现代化的新路径

《意见》明确“五个坚持”的理念，是引领业务管理现代化的思想根基。要深刻领悟、全面落实，内化于心、外践于行，在实现理念变革中谋划和开拓推进业务管理现代化的方法路径。

（一）以理念变革推进管理思维的转化

强化系统思维，树立“讲政治与讲法治统一、管理与指导衔接、管案与管人结合”等意识，加强统筹协调，善于借力聚力，推动业务管理从局部管理向系统管理、从直线型管理向立体化管理转变。强化数据思维，树立“没有数据就没有现代化管理”的意识，高度重视数据质量，持续扩大数据存量，全面保障数据安全，切实把数据这个核心资源管理好、应用好。强化服务思维，树立“在监

管中服务，在服务中监管”的意识，增强管理智慧，优化服务方式，最大限度凝聚共识，努力取得更好管理效果。

（二）以理念变革推进管理方式的转型

优化科学管理，把办案质效是否提高、整体影响力是否提升作为检验业务管理优劣的根本标准，既要注重数量、质量，又要注重效率、效果，实现由数量规模型向效率效果型转型。优化能动管理，紧跟服务大局的中心工作、监督办理的重点工作，自觉主动把监督管理工作做实做好，实现由粗放型管理向精细化管理转型。优化过程管理，既注重个案问题整改，又推动类案治理和预防，实现由个案、事后监督向全案、全流程监督转型。优化智慧管理，善于把信息化管理的精准化、高效化优势与智慧管理的智能性、能动性特点有机结合起来，实现由信息化管理向智能化管理转型。

（三）以理念变革推进管理要素的转换

从管理主体上讲，除了发挥好案管部门业务管理的“枢纽”作用，还要发挥好检察长、检委会、副检察长、业务部门负责人的业务管理责任，业务部门、办案组织、检察官的自我管理责任，以及政治部、研究室、检务督察等部门的协同管理责任。从管理职能上讲，除了履行好监督、管理、服务、评价等基本职能外，还要履行好指导、分析、参谋、协调、统筹、规范、治理等其他职能。从管理对象上讲，除了管好办案活动，还要管好管理和办案的人。

三、坚持以体系完善为重点，构建推进检察业务管理现代化的新格局

《意见》明确要健全完善业务指导、管控、评价和外部监督四大体系，使检察业务管理更好服务检察业务发展。要以健全完善四

大体系为重点，积极构建全员参与、权责明晰、系统完备、规范高效的检察业务管理新格局。

（一）健全完善宏观指导和精准指导并抓的业务指导体系

全面分析研判本院、本地区、本条线整体办案态势，发现和掌握趋势性、动态性问题，加强宏观指导，及时调整工作思路和推进措施。坚持横向会商与纵向会商、综合会商与专题会商、个案指导与案例指导、发现问题和解决问题相结合，加强业务数据提醒、分析、会商、部署与反馈、发布与解读，推动宏观指导和精准指导相互结合、同向发力，以更加系统、一体、完善的业务指导体系督促指导检察业务纠偏、提升、发展。

（二）健全完善自我管理和其他管理并重的业务管控体系

一方面，加强检察官、办案组织、业务部门的自我管理，寓管理于办案、边办案边管理、以管理促办案。另一方面，强化案管部门的专门管理，发挥好案管部门作为检察业务管理的枢纽作用，通过办案程序管理、质量管理、数据管理贯通检察长、检委会的宏观管理，业务部门的自我管理和政工、检务督察等部门的对人管理，形成全员参与、分工配合的检察业务管控体系。

（三）健全完善个案评价和整体评价并举的业务评价体系

将案件质量检查和评查作为评价个案质量的基本方式，准确把握两者在实施主体、重点内容、工作程序、保障措施、结果运用等方面的区别，做到正确适用、协同适用。由案件管理部门会同业务部门对重点案件类型、重点业务领域、重要业务趋势进行更科学、更精准的研判会商，为高质效履职办案提供更加科学全面的参考和依据，确保检察业务工作高质量发展行稳致远。

（四）健全完善“请进来”监督和“晒出去”监督并行的外部监督体系

持续深化人民监督员、检察听证工作机制，不断完善律师对检察办案的监督机制，加大力度、丰富形式、拓展途径，主动邀请人民监督员、律师等监督检察工作和司法办案活动。同时，继续优化案件信息公开标准、方式，及时向社会发布检察业务数据和重要案件信息，方便人民群众，接受社会监督，积极打造多方参与、协作紧密的外部监督体系。

四、坚持以机制优化为关键，凝聚推进检察业务管理现代化的新合力

《意见》明确构建检察业务管理一体化运行等三项机制，为高质效履行检察业务管理提供了机制保障。要围绕机制的实施、推进、优化，持续强化机制的牵引带动、集成整合和常治长效，不断凝聚推进检察业务管理现代化合力。

（一）强化机制的牵引带动

及时总结经验，完善思路，优化升级，注重提高机制整体效能，充分发挥机制对整个业务管理体系高效运转的牵引、示范、带动作用。深入推进检察业务管理标准化、规范化建设，进一步细化、实化业务管理的主体、权责、内容、程序等要求，将机制“软要求”转变为推动业务管理更加规范、精准、精细、专业的“硬约束”，增强机制的聚合、放大效应。

（二）强化机制的集成整合

既要坚持整体推进，完善各种管理之间的融合发展机制，实现

一体推进、成果共享、互通互促；也要紧盯重点领域和关键环节，有针对性地改进业务管理的短板弱项。既要坚持单兵突进，强化各类管理主体职责履行；也要加强联合作战，健全自我管理和专门管理、业务管理和其他管理的衔接配合机制，促进发挥各部门和市县院的积极性，实现上下联动、左右协同，增强管理的内在统一性和工作凝聚力。

（三）强化机制的常治长效

增强机制意识，严格机制执行，维护机制权威，将机制建设、机制落实贯穿业务管理全过程、各环节，确保机制落地生根、开花结果，努力形成常抓长治、常态长效的机制执行局面。坚持“当下立”与“长久治”相结合，针对机制推进过程中发现的认识不深、执行不严、落实不力、衔接不畅、标准不高、效果不好等问题，认真查找原因，进一步健全机制，堵塞漏洞，推动实现业务管理向业务治理的转化提升。

五、坚持以能力提升为基础，强化推进检察业务管理现代化的新支撑

《意见》围绕组织领导、管理素能、理论研究、数字管理等方面，提出了推进检察业务管理能力现代化的具体举措。不断提升组织保障、实践创新、综合分析、案例培优等能力，为高质效履行检察业务管理提供坚实的能力保证和基础支撑。

（一）提升组织保障能力

各级院党组、检委会、院领导要强化组织领导责任，提高依法管理、科学管理的能力水平，一手抓办案、一手抓管理，特别是检察长要亲自抓、主动抓、系统抓，敢管、善管、管好检察官办案，

汇聚起全院上下共抓齐管检察业务管理的强大合力。案管部门要贯通上下左右，有效联络各方，推动业务管理由案管部门“小管理”向检察机关“大管理”转变。综合部门要紧贴办案需要搞好服务保障。

（二）提升实践创新能力

依托“实践课题带动工作创新”活动，勇于突破思维定式、工作惯性和路径依赖，主动融入和积极推进司法责任制等各项改革，善于与时俱进、开拓创新，以全新思维推进检察业务管理理念、体系、机制创新，集中力量培育和打造更多更优更亮的业务管理特色品牌。

（三）提升综合分析能力

加强对业务数据、司法办案运行质态、各类犯罪发展态势以及专项工作的分析研判，善于从纷繁复杂的数据和监管业务的变化中，发现工作疑点、难点、堵点和热点，捕捉苗头性、倾向性、普遍性问题，提出针对性、可操作性强的对策建议，为领导决策和司法办案提供有益参考。

（四）提升案例培优能力

牢固树立案例意识，完善案例发现、培育机制和指导性案例强制检索制度，高度关注“首例”案件，综合考量“三个效果”，高标准、严要求做实基础办案工作。每个业务部门、检察官既要精于办案，又要善于总结，参照指导性案例、参考借鉴典型案例，积极研究、编写、报送案例，力争案例工作实现新突破。

新形势下案件管理中数据管理新内涵初探

刘红云　王炳霖*

目　次

* 刘红云，河南省焦作市武陟县人民检察院党组书记、检察长；王炳霖，河南省焦作市人民检察院案件管理办公室副主任。

一、新形势赋予案件管理中数据管理新的任务

2024年，《最高人民检察院关于加快推进新时代检察业务管理现代化的意见》发布，明确了案件管理部门专门管理的枢纽作用。同年5月28日，最高检案件管理办公室提出，进一步深化理论创新、内容创新、机制创新、制度创新和方法创新，实现案件管理工作新征程上的再出发、新时代的新跨越。明确了当前和今后一个时期案件管理工作改革创新和规范发展的总基调。面对新形势、新任务，需要站在新的方位认识案件管理中的数据管理。一方面，干工作就必须有管理，案件办理和管理是一体两面；另一方面，实现案件管理，必须有数据管理。数据作为现代社会和经济活动中最重要的资源之一，其在社会管理方面的作用愈发凸显，已然成为管理活动必备的资源，数据管理亦成为社会管理的基础性工作。《辞海》中，“枢纽”比喻冲要处或事物的关键所在。在新形势下，要实现案件管理工作新跨越，充分发挥案件管理部门专门管理的枢纽作用、关键作用，数据是重要的战略资源，以数据资源化为目标的案件管理中的数据管理，则可能成为枢纽中的枢纽、关键中的关键。

案件管理中数据管理有别于以往检察业务数据管理的概念，是案件管理工作枢纽作用的具象化、现实化，其对象是案件管理活动中产生的数据资源，为案件管理工作一体化提供基础，为案件管理工作创新发展提供底层支撑，有自身新的内涵、新的模式，亦有实现路径和有待厘定的关系需要进一步讨论和研究。此种数据管理，或许可以被明确提出并予以发展。首先，案件管理工作本身包含数据管理的工作内容，有待从感性认识上升为理性认识，从自发的、松散的工作内容发展成为自觉的、系统的工作内容；其次，数据管理是案件管理工作的组成部分，必然带有案件管理工作的共性，可以与案件管理工作共同发展；最后，数据管理对于案件管理工作有

其独特的价值，需要在理论、内容、机制、制度、方法等方面有所创新和发展。

二、 新任务赋予案件管理中数据管理新的内涵

案件管理中的数据管理与以往检察业务数据管理的概念，既有联系又有区别。其联系在于，此种数据管理源于检察业务数据管理。有检察业务活动就有业务数据，有业务数据就有数据管理，检察业务数据管理是案件管理部门诞生时自带的业务，检察业务数据管理是案件管理工作的重要一环；同理，有案件管理活动就有数据产生，有数据产生就需要数据管理，案件管理部门要“管好管理”，要管好“别人”的业务数据，同时要管好自身所产生或者获取的各项数据，案件管理中的数据管理亦是案件管理工作的重要一环。其区别在于，案件管理中的数据管理是检察业务数据管理的发展，是从生产力的角度对案件管理的再认识，是枢纽作用的具象化，是一体运行的基础，是创新发展的支撑，有其新的内涵。

（一）数据管理是案件管理枢纽作用的具象化、现实化

案件管理部门专门管理的枢纽作用，集中体现为服务决策，与数据管理有着与生俱来的联系。服务决策需要数据支撑，而支撑服务决策的数据，不是大量数据简单汇集成“数据池”，而更应该是形成价值数据，甚至是结构化、体系化的高价值数据的“富集地”。案件管理部门专门管理的枢纽作用的发挥，需要高价值数据富集，需要将案件管理部门打造成价值数据高地。案件管理中的数据管理活动，是将包括业务数据在内的所有案件管理活动获得的数据，从零散转化为结构，从结构整合为系统，从系统升华为体系，感知、监测、理解、分析、预判，循环迭代的活动，通过上述活动贴近乃至契合决策需求，发挥并体现为枢纽作用。

（二）数据管理为一体化运行提供基础

一体化运行的前提是一体化的各组成部分有共同的标准统一、便捷准确的信息源、数据源作为基础。通常理解，一体化可以有两个层面：一是检察机关的一体化履职等，如内部法律监督线索移送机制；二是案件管理部门内部纵向、横向的一体化运行机制。此处所述的重点是为案件管理内部一体化提供基础。案件管理内部一体化又有两个层面：一是案件管理部门的上下一体、左右关联，其具有天然的制度设计作为骨架，纵向上政令畅通，横向上联系紧密，如案件管理工作电子文库；二是案件管理工作各项业务之间的协同一体。无论哪种意义的一体化，数据源的质量在一定程度上影响一体化的质量，而高质量的数据源需要数据管理。

（三）数据管理为案件管理工作创新发展提供底层支撑

创新需要现实基础，具备现实基础后，更需要包括数据在内的资源支撑，才能完成创新。依据党组要求、案管职责、工作目标、实践问题，立足客观实际，理论、内容、机制、制度、方法等方面的创新都会产生大量的数据，案件管理创新活动也相应要获取数据，这些数据杂糅在一起形成的数据，在自发状态下，客观的、不以人的意志为转移的支撑着案件管理工作的开展，但其中不乏未被发现、未被利用的且有价值的业务“黑数”。案件管理中的数据管理活动，有助于数据的资源化，为理论创新提供客观鲜活的研究材料，为内容创新提供真实可靠的工作情况，为机制创新提供及时有效的实践反馈，为制度创新提供内容充实的现实依据，为方法创新提供源源不断的成果总结。

三、 新内涵要求案件管理中数据管理有新的模式

案件管理中的数据管理要逐渐成为具象化的枢纽、一体化的基础、创新发展的支撑，需要逐渐形成一套独立的、新的工作模式。这套模式不是案件管理业务的一类，亦不是以往工作上的叠加，而是融入案件管理工作各方面的、立体的模式。或许可以从数据资源化的过程、数据管理的流程和案件管理的职责三个方面切入，初窥一斑。

（一）从数据资源化过程看

以数据资源化为目标的数据管理大概经过以下过程：将潜在价值信息显化为可见零散数据；零散数据转变为结构化数据；结构化数据系统化；系统化的数据体系化。具体到案件管理中的数据管理，表现在以下方面：

一是潜在价值信息显化为可见零散数据。比如，在案件名称上标注“繁简”“涉企”等；检察业务应用系统中案件信息的填录。上述为案件增添信息标签的行为，实际就是对游离状态潜在价值信息的显化，使之可见为分散在案件中的标签化数据。

二是零散数据的结构化。比如，案件繁简分流工作管理台账、党员和国家工作人员涉嫌犯罪案件清单、法律监督突出问题专项整治工作问题台账等。又如，依托信息化手段，检察业务应用系统自动提取案件登记卡项目形成的可供反查的各种案件清单。上述类似台账、清单，实际就是为了满足案件管理活动需要，进行的数据结构化管理。

三是结构化数据的系统化。比如，业务数据分析研判系统、检察官数智画像系统所呈现的“图、表、数、文”相结合的结构化数据，以及业务分析报告、调研报告、业务通报等。上述情况，均使

具体的数字有了明确的、较为丰富的含义，特定地指向具体的工作内容，用于指导实践，为决策提供参考依据，实际就是结构化数据系统化的结果。至此，数据已经基本资源化。

四是系统化数据的体系化。最高检案件管理办公室提出的“十个一键”，是在信息化条件下对管理数据体系化、资源化的创造性实践。案件管理中数据管理的体系化最终使数据管理各系统之间产生有机联系。

（二）从数据管理流程看

数据管理流程可以嵌入案件管理各项职能。如前所述，案件管理中的数据管理或许是案件管理工作的重要一环，以数据资源化为目标的数据管理，可能是枢纽中的枢纽、关键中的关键，以其枢纽的具象化，为一体化提供基础，为创新发展提供支撑。因此，数据管理活动的感知、监测、理解、分析、预判等流程，可以嵌入各项案件管理职能，实现数据资源化，输出高质量的数据成果。

一是感知业务决策和工作需求，进而感知潜在价值数据的存在，坚持问题导向，收集、挖掘数据，以满足需求和达到预期效果。比如，案件受理审查时，依据侦查活动监督工作的需求，有意识地对发现的侦查机关的问题进行规范要素的提取，并予以结构化的记录，实现案件受理审查数据的资源化，形成一定规模后，可以用适当形式满足侦查活动监督工作需求和检察监督决策需求，以达到精准监督的预期效果。

二是通过监测案件办理活动，收集信息数据，以感知到的决策导向、法律规定为遵循，以案件为单元和节点，连通办理与管理两大数据源。比如，在日常流程监控时，刑事案件办理活动出现证据不足退回补充侦查情形，与受理审查时发现的问题产生了某种联系，以案件为单元记录要素信息，打上数据标签，与案件信息及其办理信息相对应，予以结构化记录，聚合成新的数据资源。

三是理解业务运行态势，通过感知、监测获取的资源化数据，形成新的结构性认知，理解判断是否符合业务决策、任务需求。比如，案件受理审查发现的问题、案件办理活动的数据产生了关联，经过结构化数据的积累，发现公安机关经常出现此种具体问题，理解为公安机关的法制部门履职不充分是因素之一，检察机关监督不到位亦是因素之一，进而理解为个别司法活动有不符合决策、任务要求的情形。

四是分析业务运行态势。对业务运行进行态势理解，需要对其进行分析，将态势具体化。比如，态势理解为个别司法活动不符合决策、任务要求，需要对此进行分析，透过现象看本质，进一步了解其性质、数量、原因以及事项之间的因果联系，在各种信息之间建立动态关系，找到对策，形成结论。

五是预判可能出现的情况。对业务的整体情况进行宏观、微观分析，是业务管理活动顺利开展的基础，通过分析可以指导实践，对下一步需要做的工作有所预见，对形势有所预判。比如，分析得出个别司法活动不规范的性质、规模、形成原因等情况，即可提出针对性措施，进而预判措施充分落实后司法活动将更加规范。

（三）从案件管理职责看

案件管理工作体系中的11项职责，均参与数据资源化的过程、流程，进而参与数据管理，虽然在此期间各有侧重，但各项职责通过数据管理相互联系。按照参与数据管理的侧重点，可以尝试对11项职责做角色区分。

一是个案监管中案件流转的“守夜人”。在案件受理审查、涉案财物管理、案件流程日常监控等个案监管情况下，案件管理的监督职能多数为静默运行，在受理环节还以服务的形式出现，这些职能侧重于数据的感知和监测，数据可以通过人工或者信息化方法实现显化和结构化，可以为案件质量评查、法律文书监管、业务分析研判等职能提供数据。

二是个案评查中案件质量的“质检员”。案件质量评查是对办结案件质量的检查、评定，为实现评定，检查过程中必然记录价值数据，通常在记录的过程中完成结构化，在评查报告的撰写中进行系统化，基本涵盖从感知到预判的全流程。评查形成的资源化数据，可与检察业务数据等融合成为体系。

三是服务决策中业务运筹的“参谋员”。检察业务数据分析研判是案件管理工作价值和枢纽作用的集中体现，数据资源化不仅影响案件管理本身，而且数据资源化的程度影响业务分析研判的质量。因此，各项案件管理职能形成的零散数据、结构化数据、系统化数据、体系化数据，通过分析研判，阐述检察业务的宏观态势、案件的微观状态，以及两者之间的相互关系，表现为各种形式的报告。

四是数据监管中数据质量的“安全员”。数据质量是数据管理的生命线。数据质量监管是检察业务数据管理的最重要内容。在数据日常审核、专项审核过程中，产生大量与具体案件有关的案件管理数据。一方面是感知、监测业务数据，获知具体案件信息与实际情况的符合程度；另一方面是与流程监控、质量评查等获得的数据共同形成资源化数据。数据质量监管形成的数据，正向作用于检察业务数据。

五是业务信息化中系统管理的“协调员”。在统筹业务部门对检察业务应用系统的需求，做好系统权限、配置调整等日常管理的过程中，会形成案件管理数据，间接获知业务需求，结合其他案件管理职责获取的数据，可以判断业务工作走向，进而佐证业务工作与决策要求的相符程度。

六是业务窗口作用中人民群众的“服务员”。辩护人、诉讼代理人接待，检察听证，案件信息公开等职能，与检察业务紧密联系，是检察业务工作联系社会各方面的窗口，能产生大量与案件有关的数据，特别是案件办理之外的、对案件办理或检察履职有价值的数据，这些数据均需资源化。

综上所述，自发的数据资源化行为，早已或者说一直存在于日常工作中，只是未上升为理性认识。这就使得工作中自发的数据资源化，会不自觉地停留在数据资源化过程的不同阶段，大多数停留在结构化阶段，如数据报表、案件清单；极少数进行了体系化实践，如“十个一键”。

四、新模式下案件管理中数据管理的实现路径

案件管理中的数据管理顺应新形势、新任务，是案件管理部门专门管理枢纽作用的具象化、现实化，是案件管理工作一体化的基础，是案件管理工作创新发展的底层支撑，是对案件管理工作以往经验的尝试性总结归纳，是案件管理工作创新发展之路上的铺路石。然而，从认识到现实，还有很长的路要走，或许可以从苦练内功、整合数据、重在运用三个方面点题。

（一）苦练内功

数据资源化的能力决定数据资源化的程度，数据资源化的程度影响决策依据的质量。统计工作是案件管理工作的基础工作。发挥案件管理部门专门管理的枢纽作用，需要精研数据及科学理论，用理论指导数据管理，服务新时代案件管理工作的跨越式发展。2016年11月，中国司法大数据研究院成立；2024年7月10日，清华大学的统计与数据科学系成立。这些都是数据科学领域的标志性事件。作为检察机关内部专司管理的部门，数据管理能力可能是一项

核心能力，数据资源化的程度可能决定着分析研判的分量。

（二）整合数据

案件管理工作中形成的数据，不乏结构化数据但这些结构化数据未得到有效整合。近年来，笔者所在省份检察机关案件管理工作不断夯实长远发展的基础和着力点，在智慧案管等方面取得了长足发展，带动了数据资源化等各方面的发展，进一步提供了发现潜在价值数据的可能，形成了新的结构化数据。比如，主动牵头重大改革任务，案件繁简分流、重大事项案件化办理等。案件的繁简分流催生对繁简认定标准、配套机制等的调研，重大事项案件化办理催生对重大事项案件化流程、配套文书等的调研，这些调研需要台账等结构化数据。案件管理活动中产生的数据需要整合；案件办理和管理活动相互作用所产生的数据亦需要整合。

（三）重在运用

数据管理的目标是数据的资源化，数据资源化的目的是运用。案件管理中的数据管理，落脚于服务决策。运用数据的过程，也是创造的过程。对资源化的数据进行理解、分析、预判，并用于指导实践，促进决策目标和任务要求的达成，是案件管理中数据管理的目标。

实践探索

SHIJIAN TANSUO

诈骗类犯罪“非法占有”主观故意认定问题分析

——以L省人民检察院案件质量评查工作为视角

马铭悦　王彩霞*

目　次

作为常见的传统财产型犯罪，诈骗类犯罪一直在刑事案件中占较高比例。随着经济社会的快速发展和信息技术的进步，电信网络诈骗罪呈现多发高发态势，成为民生领域中突出违法犯罪。高质效办理诈骗类犯罪，切实履行法律监督职责，是检察机关“检护民生”“检察护企”专项行动的必然要求和重要抓手。诈骗类犯罪具有主观故意认定依据和认定标准不明确、认定“非法占有故意”争议较大、刑民关系交叉性与复杂性、作案手段隐蔽、

* 马铭悦，辽宁省人民检察院案件管理办公室三级高级检察官；王彩霞，辽宁省人民检察院案件管理办公室三级高级检察官。

资金往来密集等特点，是司法实践中最为疑难的案件类型之一。本文以 L 省人民检察院案件质量评查工作为视角，通过分析评查中发现的诈骗类犯罪“非法占有”主观故意认定存在的问题，提出准确认定诈骗类犯罪“非法占有”主观故意的意见建议，以期促进高质效办好诈骗类犯罪，实现办案质量、效率与效果的有机统一。

一、L 省人民检察院案件质量评查工作情况

2021 年 6 月至 2023 年 6 月，L 省检察院案管办组织和直接评查全省范围内的专项评查案件、重点评查案件共计 1525 件次。以其中一次重点评查为例，L 省组织对 2018 年 1 月至 2020 年 12 月全省范围内办理的不批捕、不起诉、撤回起诉、判决无罪四类案件进行评查。各市评查后初步认定不合格、严重瑕疵案件 158 件，其中诈骗类犯罪计 32 件，占比 20.25%。省院开展复评工作后，认定不合格案件 10 件，其中诈骗类犯罪案件 3 件，占比 30%；认定严重瑕疵案件 47 件，其中诈骗类犯罪案件 6 件，占比 12.8%。从以上数据可以看出，诈骗类犯罪在无罪风险案件中占比较大，无论是数量还是错误率均占较大的比重，尤其是不合格案件占比较大，具有疑难复杂性和定罪争议较大的特点。诈骗类犯罪刑民关系交叉性的特点决定了它的疑难复杂性。刑民交叉案件是司法实践中的疑难案件，这种疑难表现为刑事法律关系与民事法律关系相互交织，因而容易产生错误判断，导致罪与非罪的混淆。在评查过程中，关于诈骗类犯罪也存对案件定性及评查结论等级确定的争议。在司法实践中，对于民事欺诈与刑事诈骗的区分，关键在于判定行为人主观上是否具有“非法占有目的”。

二、诈骗类犯罪“非法占有”主观故意认定存在的问题

一是因承办检察官先入为主，有定罪倾向性，采信证据缺乏全面、客观，导致案件事实认定不客观、不真实，从而错误认定嫌疑人主观上有“非法占有故意”。例如，在评查王某某合同诈骗案时发现，犯罪嫌疑人王某某与他人签订出售含铬生铁10000吨的买卖合同，在合同履行期限内仅交付100吨含铬生铁，因尚欠被害方货品且未返还购货款而入罪。被害人报案后，王某某被立案侦查并起诉至法院，后被法院判决无罪。在该起案件的审查起诉过程中，承办检察官在几乎没有证据证明的情况下，根据个人经验认定王某某另有共犯，二人共同欺骗被害人签订合同，实施诈骗行为。虽然因缺乏证据支持，此情节未列入起诉书，但办案人内心对此坚信不疑，并将此带入案件办理过程，影响了全案的证据采信、事实认定。其中，影响案件是否构成犯罪的关键事实：第一点是关于货品没有继续给付被害人的原因，没有将证实系“被害人提出不继续提货”的两名被害方证人证言列入审查报告，予以全案综合分析，即得出王某某不生产、不提供货物且不返还货款，主观上有非法占有故意的结论；第二点是关于“犯罪嫌疑人王某某主动提出还款方案，被害人拒绝”这一事实，没有将在案的相关证人证言分析总结予以采信，导致能够否认犯罪嫌疑人“非法占有故意”的重要事实被忽略。办案人上述做法直接导致案件事实认定不全面、不客观，错误认定犯罪嫌疑人主观上有非法占有故意，起诉到法院后被判决无罪。

二是对案件法律事实缺乏全面、清晰认识，未能准确把握案件实质性法律关系，偏重于只要有欺骗、虚假手段即认定犯罪嫌疑人主观上具有非法占有故意，没有对犯罪嫌疑人取财动机、还款能

力、履约行动、钱款用途、是否避债等客观事实予以综合评判。例如，邓某某合同诈骗一案中，犯罪嫌疑人邓某某虚构借款事由，以虚假房产为抵押签订房产抵押合同，向被害人借款 70 万元未偿还。虽然邓某某实施了虚构借款事由，部分隐瞒真相的欺骗行为，但没有证据证明其不具备还款能力、无还款行动、挥霍款项、逃避债务等外化表现行为。相反，犯罪嫌疑人对借款用途的辩解较为稳定，即投入生产经营，同时其履行了部分还款义务、设定新的抵押物、签订新的还款协议等积极偿还行为。综合评判，邓某某主观上对欠款并不具有非法占有故意，应当认定为一般的民事欺诈行为而非刑事犯罪。而办案人过度关注虚构借款事由，忽略了案件事实全貌，错误认定犯罪嫌疑人主观上具有非法占有故意，导致案件撤回起诉后作存疑不起诉处理。

三是对法律条文和司法解释的使用缺乏广度和深度思考，忽略刑法法条背后的基本价值和理念，在适用法条时似是而非，导致错误认定行为人主观上具有非法占有故意。例如，刘某某合同诈骗一案，犯罪嫌疑人刘某某在向银行还旧贷新过程中，因还贷资金短缺，承诺以夸大的应收工程款债权作为偿还保证，高息向被害方某小额贷款公司借贷 3000 万元用于“过桥”业务，被害方在向银行信贷经理确认续贷的可能性后，将钱借给刘某某。后因刘某某向银行续贷不成，导致欠被害方 2000 余万元未能偿还。起诉时，检察机关认为，刘某某虚构大额应收账款作为偿还保证，使被害方陷入刘某某续贷失败仍可以处置该应收账款，实现债权的错误认识，结合其他相关证据，可以认定刘某某主观上有非法占有故意，构成合同诈骗罪。评查后认为，刑法对提供虚假担保的实行行为规定“以伪造、变造、作废的票据或者其他虚假的产权证明作担保的”，与本案中“承诺以夸大的债权作为偿还保证”并不一致。“担保”是法律为保障债权实现而设定的一种法律制度，而“保证”只是当事人之间约定承担责任的行为，二者有本质区别。此外，刘某某以书面承诺书的形式，意图以夸大的债权作为偿债担保，过程中并未伪造任何具有法律效力的文书，其本质只是夸大履约能力，增加合同签订机会的欺诈行为，与合同诈骗罪叙明罪状中所要求的几种诈骗行为有本质区别。因办案人对法律规定的理解不透彻、不深入，导致错误认定犯罪嫌疑人主观上有非法占有故意，该案起诉至法院后，因法院拟判无罪撤回起诉。

四是只关注刑法分则对于具体罪名的规定，忽略刑法总则第13条“情节显著轻微危害不大的，不认为是犯罪”的规定，对高息借款还款额已接近本金的行为，仍认定其主观上有非法占有故意，以诈骗罪论处，将社会危害性不大的案件予以刑事处罚。例如，犯罪嫌疑人李某某诈骗一案，李某某编造借款理由，一年内分六次高息向被害人借款100万元，其中偿还本金69万元，利息31.15万元。因借款的实际使用人离世，导致余款未能及时偿还。虽然借款人尚欠本金31万元没有偿还，但其偿还的本息总额已接近欠款本金数额，按照刑法规定的犯罪社会危害性来看，被害人在二人的钱财往来中并未有实际上的经济损失，社会危害性不大，符合刑法总则第13条“情节显著轻微危害不大的，不认为是犯罪”的规定。办案人忽略了刑事犯罪成立要具备社会危害性的基本特征，错误认定犯罪嫌疑人主观上有非法占有故意，该案起诉至法院后撤回起诉。社会危害性是犯罪的本质特征，没有社会危害性或者社会危害性没有达到刑事法律所规定程度的行为就不是犯罪。[①]

① 应勇：《学思践悟习近平法治思想 以“三个善于”做实高质效办好每一个案件》，载《人民检察》2024年第8期。

三、准确认定诈骗类犯罪“非法占有”主观故意的建议

一是继续强化“疑罪从无”的司法理念，增强职业责任意识，把案件质量作为工作第一要务。检察官在此类案件的办理过程中要时刻注意保持中正、理性的客观立场，对犯罪嫌疑人提出的辩解要高度重视，在行为人对自身的主观目的提出反驳时，检察官应对该反驳进行判断或者承担实质性审查责任，排除案件疑点，确定行为人是否具有“非法占有目的”的结论。另外，“非法占有目的”具有主观意识属性，具有易变、难以判断的特点，在推定时要根据主客观相一致的原则，采用综合视角进行评价，既不可简单地分析行为人行为时的主观方面，也不可片面地强调行为人造成的危害后果。在坚持客观事实的基础上，通过对证据的全面综合分析判断，根据相应的经验法则、逻辑规则，推定行为人主观上是否具有非法占有故意，杜绝“想当然”的单一主观推定。

二是格外注重案件事实认定的全面性，查清借贷关系成立或合同约定的起因、约定的具体内容、约定解决纠纷的方式、发生欠款纠纷、无法偿还的原因、欠款去向、借款人是否具备偿还能力等事实，尽可能还原案件客观事实，使法律事实更趋近于客观事实，再在此基础上对犯罪嫌疑人主观上是否具有非法占有故意予以判定。事实和证据是公正司法的基本。证据审查认定情况直接影响法律事实的认定、实质法律关系判断。① 检察官办理案件时，既要陈述有利于认定犯罪的事实，又要陈述不利于定罪的事实，尤其对于行为人非法占有主观故意认定争议较大的案件，要分别对有利于定罪和

① 应勇：《学思践悟习近平法治思想　以“三个善于”做实高质效办好每一个案件》，载《人民检察》2024 年第 8 期。

不利于定罪的证据进行审查、分析、论证，再综合推定其主观是否具有非法占有故意。

三是在尽可能还原案件事实的基础上，准确把握案件的实质性法律关系，透过法律条文，理解立法本意和法治精神，厘清案件本质究竟是一般的民事欺诈行为还是刑事诈骗犯罪，准确适用法律。很多情况下，民事欺诈和刑事诈骗在行为方式上难以区分，需要从行为人主观上是否具有“非法占有目的”予以区分。民事欺诈行为中，当事人主观上也有谋取不正当利益的目的，但这种利益是通过民事行为来实现的；而诈骗犯罪是以“非法占有”为目的的犯罪行为，行为人谋取的不是民事行为的对价利益，而是对方当事人的财物，即使行为人表面上有“履约”行为，也只是掩人耳目或者迷惑对方的行为，是为了犯罪的顺利实施而付出的犯罪成本。“非法占有目的”这一主观心理状态，会通过一系列外化的客观行为表现出来，可根据有关司法解释、司法实践纪要等规定，综合考量行为人客观行为表现及其行为效果来推定行为人的主观心理态度。既要防止把民事纠纷当作刑事犯罪处理，将由民事法律调解的不诚信行为和欺诈行为，均作为诈骗类犯罪的实行行为予以评价，不当扩大此类犯罪的处罚范围；也要警惕利用刑事手段插手民事经济纠纷，利用公权力实现个人利益的行为。

此外，对民间高息借贷无法偿还的情形是否构成诈骗犯罪，认定借款人主观上是否具有非法占有故意时应格外慎重。一是要甄别出借人是否涉嫌套路贷犯罪，是否采用利滚利、高息放款的方式套牢借款人，使其无法偿债脱身；二是要甄别出借人在高息放贷时，是否明知借款人不具备偿还能力或者明知借款有极大的无法偿还的风险仍借出钱款，如果出借人存在上述行为，那么这两种情形均不宜由借款一方独自承担不能偿还的责任，不宜认定借款人主观上有非法占有故意，构成诈骗犯罪。

四川省自贡市检察机关2023年检察听证工作情况分析

罗凯丽*

目　次

检察听证是全过程人民民主在检察工作中的生动实践，对促进司法公开，保障司法公正，提升司法公信，推动矛盾纠纷化解有着重要意义。近年来，自贡市检察机关认真落实最高检工作要求，扎实开展听证工作，听证案件数量、覆盖范围等均取得明显成效，但工作中仍存在听证开展率低、简单普通案件占比大、依申请开展听证案件数量极少等问题，制约听证作用发挥。

* 罗凯丽，四川省自贡市人民检察院案件管理办公室副主任。

一、检察听证工作现状及存在的问题

检察听证开展率低，地区发展不平衡。2023年，自贡市检察机关共办理审查逮捕、羁押必要性审查、拟不起诉案件等2238件，开展检察听证192件，仅占所办案件的8.58%，与最高人民检察院“应听证尽听证”“把检察听证作为一项日常性工作抓好”等工作要求相去甚远。其中，区县院开展听证189件，市院开展听证3件，两级院发展极不平衡。

简单、普通案件占比大，轻罪不起诉案件占很大比例。刑事检察共开展听证137件，其中拟不起诉案件126件，交通肇事罪、危险驾驶罪、盗窃罪等轻罪案件110件，占总听证案件的比例高达60.4%。从专业化类型来看，普通犯罪案件听证116件，较普通犯罪事实认定更为复杂或社会影响更大的重大犯罪、职务犯罪、经济犯罪仅21件。非刑检类的其他简单案件也占有一定的比例，如公益诉讼诉前审查案件开展听证18件，纠正违法案件开展听证3件，司法救助案件开展听证1件。以上数据表明自贡市检察机关在一定程度上存在为了听证而听证、听证凑数、听证流于形式等问题。

依申请开展听证案件数量极少。自贡市检察机关开展的192件听证案件中，主动开展听证案件高达186件，占很大比例。当事人申请开展听证案件数量微乎其微，仅6件，占总听证数量的比例仅3.1%。

二、问题存在的原因

部分检察官能力不足、动力不强，不敢不愿不善听证。听证工作在案件把握、释法说理、群众工作、组织协调等方面无疑对检察官提出了更高要求，部分检察官担心能力和经验不足，无法把控听证节奏，不敢、不会开展听证。基层院囿于“案多人少”矛盾，检察官办案压力大，听证并不是审查案件必经的法定程序，而组织召开听证会需要提前完成听证方案制定、确定参加人、发布听证公告、准备案卷材料等一系列烦琐的事务，且干好获得的正向激励并不明显，干不好则反而容易将矛盾引到检察机关，不利于后续案件的审查办理，因而部分检察官不愿开展听证。

听证适用范围不明确，听证流于形式。《人民检察院审查案件听证工作规定》第 4 条对可以召开听证会的案件范围作了概括规定，但对何为“较大争议”“重大社会影响”没有具体标准，对哪些案件必须召开听证会审查没有明确规定，主要由检察官自行把握。实践中，有重大社会影响的案件往往更加疑难复杂，听证过程和结果不可控，因而检察官往往倾向于选择事实清楚、无明显争议的简单案件开展听证。这种情况容易给听证员和案件当事人留下“走过场”的印象，不能实现利用听证解决案件争议，化解矛盾纠纷的效果，听证流于形式。

听证宣传力度不够，当事人申请缺乏救济程序。由于宣传渠道狭窄，宣传方式单一，同时缺乏对检察听证的日常宣传，社会知晓度不高，部分群众不知道申请听证的相关程序导致依申请开展听证数量不多。此外，《人民检察院审查案件听证工作规定》第 9 条规定，人民检察院对当事人申请召开听证会，不同意召开的，应当向申请人说明理由，保障了当事人申请听证的权利，但对检察机关不同意的听证申请缺乏复议复核等救济机制。实践中，案件当事人大多只能被动等待检察机关主动开展。

三、 完善检察听证工作的建议

（一）深化认识，提高做好检察听证工作自觉

深刻认识检察听证制度的重大意义。习近平总书记强调，全过

程人民民主是社会主义民主政治的本质属性。检察机关应当深化认识，更新理念，从讲政治的高度深刻认识检察听证是新时代检察机关践行全过程人民民主的生动实践，是把人民群众对检察工作的知情权、参与权、监督权落到实处的一项基本制度。检察听证制度能够监督检察机关办案，倒逼检察办案人员提高办案能力和水平，落实好最高检党组“高质效办好每一个案件”的工作要求，确保实现程序正义、实体正义。

多措并举切实提高检察官听证能力和水平。常态化开展业务培训、座谈交流、现场观摩、实战演练等方式，组织一线检察官分享听证经验，传授听证技巧，推广优秀做法，持续提升检察官开展检察听证的能力和水平。

（二）细化明确听证案件范围，避免凑数听证

细化“可听证”、明确“应听证”案件范围。《人民检察院审查案件听证工作规定》对可以开展听证的案件范围作了概括性规定，但缺少应当开展听证的案件范围规定。由于各业务条线的听证面临不同的问题，特别是部分民事诉讼监督案件、拟对行政机关提起诉讼的公益诉讼案件、重复信访的信访案件等，可能存在错综复杂的关系，需要各业务条线根据本条线实际情况制定更为具体的规范指引，细化“可听证”、明确“应听证”案件范围，更好地指导下级院开展工作。

探索建立听证案件必要性审查机制。根据规定，检察官在拟开展听证之前应当在系统中制作《听证审批表》报部门负责人和分管院领导审批，目的是希望由部门负责人和分管院领导对听证必要性审核把关。实践中，囿于上级院考核任务等压力，此种审核能够发挥的过滤作用十分有限。因此，建议探索建立由案管部门负责的听证案件必要性审查机制，检察官在拟开展听证之前将听证案件情

况、听证必要性报经案管部门审核，确认不属于无明显争议、无社会影响的简单案件后，再通过系统报院领导审核，有效避免听证凑数。

（三）加强普法宣传，探索建立申请听证权利救济机制

深化检务公开。加大优秀、典型案例编写力度，定期发布典型听证案例，让人民群众感受到检察听证就在身边。注重利用“两微一端”、抖音等新媒体平台，视频、漫画等人民群众熟知的形式，对检察听证制度进行有效宣传。根据案件实际情况，探索开展“院坝听证”，将检察听证开到居委会、村委会，送法进社区、进家门，提升检察听证制度影响力和社会知晓度。

设置复议复核的救济程序。对当事人及其辩护人、代理人向审查案件的人民检察院申请召开听证会的，人民检察院审查后不同意召开听证会的，应当在3日内向申请人说明理由。说明不同意召开的理由后，申请人不服的，可以在3日内向原申请人民检察院申请复议，原申请人民检察院应当经分管院领导审批后7日内作出答复。经复议后申请人仍不服的，可以在收到复议决定后3日内向原申请人民检察院的上级人民检察院申请复核，上级人民检察院应当经案管部门复核后报分管院领导作出决定。

基层检察业务数字化管理工作的改进思路

董可飞　任　洁　李紫君*

目　次

* 董可飞，湖北省十堰市郧阳区人民检察院党组书记、检察长；任洁，湖北省十堰市郧阳区人民检察院第六检察部副主任、检察官；李紫君，湖北省十堰市郧阳区人民检察院第六检察部检察官助理。

（四）建设复合型人才队伍是基层院案管部门的第一资源

党的二十大报告提出建设数字中国。在这一背景下，最高检紧紧立足于党中央数字中国建设的工作布局，提出实施数字检察战略。通过依托信息化系统，深化大数据运用，最大化发挥数据要素的价值，以赋能检察机关法律监督，推进检察工作现代化。[①] 数字检察的基础在于数据，而检察业务数据是数字检察不容忽视的数据来源。基层检察院因承担着大部分案件办理和案卡填录工作，成为检察业务数据的重要产生环节。在“数据”要素价值日益凸显的时代背景下，如何管理好这些海量数据，最大限度地释放检察业务数据价值，从而提升检察工作质效，是当前基层检察机关面临的重要时代课题。

一、检察业务数据的价值

（一）为“数字检察”战略提供基础

数字检察战略是推进检察工作能力现代化的重要支撑，在大数据运用的背景下，对数据源的需求和依赖程度越来越高。充分挖掘检察业务数据的资源价值，加强数据的汇聚、整合、管理、应用，充分激活、用足用好内部数据，为转变法律监督工作模式，提升法律监督工作质效提供坚实基础。案管部门作为检察业务数据管理部门，掌握着全部案件信息，拥有最大的数据资源，具有先天优势。

① 申国军：《抢抓时代机遇　积极稳健推进　以数字案管有序开展促进数字检察全面深化——在“智慧案管”建设专题培训班上的讲课提纲（摘编）》，载《检察业务管理指导与参考》（2023年第4辑），中国检察出版社2023年版。

（二）提升业务管理精细化水平

检察业务数据是检察业务运行、司法办案过程的客观、真实体现，通过对检察业务数据、司法办案产生的过程数据、法律文书、电子卷宗等数据信息，可以实现对检察业务办理过程的精细化管理。例如，使用大数据思维应对“反管理”问题，以同一案件重复填录“监督立案”“纠正漏捕”或“纠正漏诉”为例，将上述案件数据进行对比，再结合法律文书、电子卷宗，能让“凑数案”无处可藏。数字化管理极大提升监督精准性，增强监督威慑力，杜绝“反管理”现象，切实实现“干干净净、实事求是”的高质量要求。此外，检察官业绩考评机制通过检察业务应用系统采集检察人员办案数据，结合检察工作需要，制定对应的考核维度，量化评价、直观反映工作绩效，为科学、准确考评检察人员业绩提供参考依据。①

（三）服务科学决策

服务检察长和检委会的宏观管理是履行服务保障职责的重要体现。通过定期对检察业务数据开展全面的综合分析研判，准确反映业务工作中的亮点特点、短板弱项，及时发现存在的倾向性、典型性、异常性问题，为检察长和检委会全面掌握全院业务工作态势，研判检察工作的主要矛盾和矛盾的主要方面提供决策参考。例如，在调配人力资源方面，可以通过汇集、分析检察业务数据，测算检察人员平均办案量、办案周期等，结合案件类型、难易程度、岗位设置等因素，为合理配置岗位资源提供参考，推动办案

① 郭箐：《大数据赋能检察业务管理的路径探究》，载《中国检察官》2023年第19期。

资源进一步优化。①

（四）参与和服务社会治理

参与和服务社会治理是新时代检察工作的必然要求。检察机关从服务党委政府决策的角度出发，深入研究司法办案背后社会管理层面存在的深层次问题，通过撰写刑事犯罪年度报告、专项领域情况报告，围绕党委政府工作重点、人民群众关心的急难愁盼问题和重点问题进行专题调研，及时发现社会治理中存在的堵点、痛点，归纳犯罪规律与管理漏洞，具体分析原因，并有针对性地提出完善管理的意见建议，积极促进社会治理。② 例如，通过分析本地区非法吸收公众存款犯罪等金融领域涉众型案件，总结类案规律特征，分析原因及存在的监管漏洞，并有针对性地提出具有可操作性的意见建议，能够为预防、打击此类犯罪提供参考。

二、基层检察业务数据化管理的现实症结与掣肘

（一）数据填录不准确

数据质量直接关系着数据分析和应用的准确性和可靠性，数据失真影响分析研判结论的准确性，从而误导决策。从实际工作来看，检察业务数据质量问题仍然存在，具体表现为案卡错填、漏填、迟填、与文书不对应等。一是随着检察业务应用系统迭代升级以及分析需求需要，填录的案卡项目种类、数量越来越多，办案人员需要花费大量时间进行案卡填录，漏填、错填等情况容易发生。

① 郑成希、陈艳琳：《检察业务管理部门业务数据分析研判工作探讨》，载《法制博览》2022年第19期。

② 邹多品、刘媛媛：《案管视角下检察业务数据研判与社会治理》，载《人民检察》2023年第S1期。

二是办案人员在思想上普遍存在“重办案轻填录”的误区，对案卡填录规则不熟悉、不精通，加之部门案多人少、人员流动等因素，一定程度上影响数据填录质量。三是业务部门数据填录责任不清。根据规定，检察官对业务数据填录负有指导、审核责任和最终责任。但实践中，数据填录工作大多由检察官助理、书记员完成，检察官更多将精力放在审查案件上，对案卡填录的审查工作流于形式。四是智能化水平还不够高，受文书内容回填自动化、数据核查智能化水平不高限制，数据生成、核查等工作还比较依赖传统的人工手段，难以全面、准确地监控海量检察业务数据。

（二）数据应用价值未充分挖掘

数据的价值在于应用，只有不断挖掘数据的价值，拓展数据的应用场景，才能更好实现数据的价值。当前，基层院在检察业务数据应用中仍然存在很多不足。一是业务数据分析研判深度不够。业务数据分析研判会商制度落实不到位，普遍只是案管部门对业务数据开展统计分析，导致业务数据分析研判深度不够，浮于表面。案管部门与业务部门还没有形成良性合作，开展专题分析较少，即使开展专题分析，也容易各自为政，业务部门与综合部门没有形成合力。此外，不同地区检察机关之间、上下级检察机关之间存在数据壁垒，使得基层院只能基于本院数据进行分析，由于基层院数据样本量小，以及不同地区案件情况的差异，可能产生本院数据运行趋势与上级院数据运行趋势不同甚至完全相反的情况，一定程度上影响调研的深度和准确性。二是业务数据应用场景还有待进一步拓展。当前，基层院业务数据最主要的运用场景为数据分析研判，将业务数据作为检察工作开展的“风向标”“指挥棒”，而在如何运用业务数据优化资源配置、开展大数据法律监督等方面，虽然开展了一系列探索，但探索还不够深入、成效还不够明显。

（三）数据安全保障有待完善

当前，检察业务数据应用场景不断丰富，尤其是随着数字检察工作的逐步推进，推动了检察数据处理的深度融合，大数据法律监督模型的应用更使海量检察业务数据的价值被深入挖掘。然而，高价值伴随高风险，在大量的应用场景背后，需重点关注的一个问题是如何保障海量检察业务数据的安全性。当前，基层检察院在业务数据安全保护方面仍存在着一些不足和短板。一是在利用检察业务数据进行大数据模型研发、办案等应用场景中，检察人员的数据安全意识还有待进一步提高。二是数据安全管理机制不够健全。比如，保密制度还不够健全，没有实现数据的全流程安全管理。又如，数据管理使用过程中的责任划分还不够细致、程序还不够规范。三是数据安全的技术保障还不够完善。基层检察院案管部门作为检察业务数据的主管部门，如何保证数据集中、使用过程中的数据安全，成为当前案管部门亟须解决的问题。

（四）人才队伍建设比较滞后

“事多人少监督难”一直以来是案件管理工作的突出难题。基层院人员力量不足的问题长期存在，近些年案管职能不断拓展、业务不断细化，事多人少的矛盾日益突出，一人多岗的情况普遍存在，仅仅依靠案管部门人员，难以有效对数据填录进行全面、精准监控。同时，数据管理需要深入每一起案件的每一项程序，既涉及微观的案卡填录，又涉及宏观的数据统计与分析，对案管人员的要求更高，要既熟悉案件办理流程又会统计总结与分析，需要有逻辑表达能力、数据敏感能力以及计算机实用能力的复合型人才。然而，案管人员多为法学相关专业，对大数据等自然科学知识了解不多也不够深入，而信息技术人员大多不具备法律方面的专业知识，导致既懂信息技术又懂法律专业知识的交叉学科人才缺乏，而这些复合型人才的培养周期长、要求高，队伍专业化建设还无法完全适应工作的需要。

三、完善基层检察业务数字化管理的路径探析

（一）确保数据准确是基层院案管部门的第一要务

数据质量是业务数据资源化的基础，数据准确是案管部门的第一要务。按照全国检察机关第二次案件管理工作会议要求，构建四级院案管部门各有侧重的职能布局，基层院重在发挥基础作用，做好日常性、基础性规则的同时，将业务数据监管、案件流程监控作为核心。

1. 保证数据填录质量。压实数据填录责任，以《全国检察业务应用系统2.0填录标准和说明》为参考依据，明确“检察官助理、书记员对录入信息依据本人职责承担相应责任，承办检察官承担指导、审核责任和最终责任”的填录原则，按照“准确、规范、同步、完整”的填录要求，确保源头信息准确性。将业务数据质量核查与流程监控相结合，对业务数据监管过程中发现的错填、乱填、假填、迟填、漏填等问题，开展流程监控，倒逼检察人员重视案卡数据填录工作。

2. 切实开展数据核查。充分利用“数检通”“检务小助手”等智能化软件，开展实时精准的日常数据核查。在核查方法上，要注重通过统计数据，在报表逻辑关系审核的基础上，辅助以报表平衡、个案核查，从而快速、全面、准确发现错误数据。① 通过流程监控、分析研判等工作，重点核查案卡信息填录与案件材料、法律

① 彭川：《基层检察机关业务数据质量监管工作的改进思路》，载《人民检察》2022年第14期。

文书内容一致性，确保数据真实性。

3. 建立健全反馈整改工作机制。建立业务数据监管联络员机制，各业务部门指定 1 名检察官助理为专职联络员，负责本部门日常数据监管，对案管部门反馈的本部门数据填录问题，及时做好反馈整改。建立有层次的业务数据质量检查通报和整改反馈机制，案管部门每日对当天发现的填录错误即时通报，并督促整改，每月对本院业务数据检查情况形成书面通报，由检务督察部门负责督促整改落实，并将整改情况与员额检察官业绩评价考核挂钩，强力推进整改落实工作。

（二）应用数据推动工作是基层院案管部门的第一目标

业务数据资源化的核心在于对检察业务数据的应用，不断丰富数据的应用场景，充分释放数据价值，推动各项检察工作发展，是基层院案管部门的第一目标。

1. 强化分析研判以提升监督办案质效。一是围绕党和国家工作大局、检察重点工作选题。检察工作必须服从服务党和国家工作大局，检察业务数据分析研判的选题就必须与党和国家工作大局相结合，围绕检察重点工作展开。同时，联系工作大局，能够更深入地分析数据变化的原因，反映当前检察工作重点摆布是否科学、检察工作与大局结合是否紧密。二是善于凝聚案管部门与业务部门合力。在常态化开展业务数据分析研判会商工作中，充分发挥各专业条线作用。案管部门侧重对数据总体趋势、“四大检察”数据资料进行综合分析；业务部门则在本条线业务范围内，对数据生成的原因、问题等方面进行深度分析，并针对性提出预警和对策。① 三是

① 劳伟刚、吴小倩：《精准研判数据赋能——新时代检察业务数据分析研判“浙江模式”解析》，载《人民检察》2021 年第 12 期。

做好分析研判会商的“后半篇文章”。建立数据运用成果转化机制，推动司法办案质效不断提高，服务社会综合治理，提升检察机关服务大局成效。四是针对检察系统内部存在的信息壁垒影响分析研判深度的问题，建议以专项分析研判课题组的形式，由下级院向相关上级院申请立项和调研所需的数据使用许可，相关上级院在审核后批准相关数据使用，课题组在完成查询工作后，上级院再将数据查询权限收回，从而达到既提升分析研判效果又保障数据安全的双重目的。①

2. 运用数据资源提升案管工作质效。案管工作长期面临“人员少、任务重、时间紧、标准高”的困境，依靠信息化、数字化开展分析研判、案件评查、流程监控等各项工作，是破解难题的治本之策。② 将数字化资源应用于案件管理的各项工作，加强对案件办理的全流程监控，优化案件质量评查监督，强化案件管理智慧研判，提升检务管理效能。在工作实践中，将日常数据核查与流程监控、业务分析研判与案件质量评查相结合，发现更深层次的问题，通过提高监督的精确度、准确度，不断提高内部监督质效。

3. 服务推进数字检察工作。数字检察工作遵循“业务主导、数据整合、技术支撑、重在应用”的基本要求。案管部门要配合业务部门研发大数据法律监督模型，积极提供检察业务数据资源。随着检察业务应用系统 2.0 的部署，特别是统计系统 2.0 的上线运行，实现了 AJ2003、AJ2013、统计 1.5 系统历史数据查询，大大提高了数据使用便利度，基本满足内部数据的使用需求。

（三）确保数据安全是基层院案管部门的第一责任

业务数据信息化的前提是确保数据使用的安全。要增强检察人

① 张帆：《大数据时代下的检察案件管理工作》，载《法制与社会》2018 年第 36 期。

② 王新建：《数字赋能提升检察业务管理科学化水平的路径》，载《人民检察》2024 年第 4 期。

员数据安全意识，压实压紧数据安全责任，强化安全防护体系技术应用，严格实行数据使用审批制度，让数据使用受控，确保数据安全防线牢不可破。

1. 筑牢检察人员数据安全意识。定期开展数据安全知识培训，加强对检察业务数据分类分级、管理使用等知识的学习，同时结合失泄密反面案例开展警示教育，确保全体干警绷紧数据保密弦，守好安全底线。

2. 建立健全数据安全管理制度。制定完善数据保密制度，如机房管理制度、数据查阅复制规定、数据使用管理规定、信息数据保密规定等，确保数据安全管理有章可循，规范有序。明确案管部门对本院业务数据活动进行集中管理，各业务部门在使用检察业务数据的各环节承担相应的数据安全责任，检察技术部门对相关系统进行运行维护，做好数据安全防护。按照《检察业务数据管理办法》《湖北省检察机关数据管理办法》等相关管理办法，建立数据的分类分级保护机制。严格落实数据使用审批管理制度，在申请使用数据时，需要明确数据查询的范围、要求、数据用途，监督业务部门在申请的范围内使用，确保数据安全。

3. 做好技术安全保障。在数据许可使用过程中，要严格按照数据申请对象和范围开放使用数据，可根据数据分级情况采用数字签名、对称加密等方式，对数据进行加密处理，还可采用列级别访问控制、数据访问接入安全认证等技术手段，严格限制业务数据被超范围或无授权使用。① 加强对检察数据安全防护体系运行情况的常态化监控，强化对安全防护操作历史进行审计记录，对出现的异常行为进行监测告警、应急响应等，定期总结运行情况并完成安全防

① 陈奥琳、秦婧雯：《检察业务数据分析研判会商机制的运行与完善》，载《中国检察官》2021年第13期。

护的改进优化。①

（四）建设复合型人才队伍是基层院案管部门的第一资源

为政之要，莫先于用人。要做好检察业务数据管理工作，首先必须搭建起一支能力素质过硬的管理队伍。必须牢牢把握“人才是第一资源”这一科学论述，努力建设精业务、懂管理、会技术的复合型人才队伍。

1. 保证人员配备。结合本院实际情况，合理配置案管人员数量，尽量保证案管部门负责人由检察官担任，同时从年龄构成、人员身份、业务经历等方面，努力优化队伍结构。要保持队伍相对稳定，尽量避免案管人员频繁调动，以保证队伍的可持续性。同时，需要注意在检察官晋级晋升、检察官助理入额方面，保证案管人员的发展渠道，避免因发展前景不明而留不住人。②

2. 重视培训工作。积极组织检察干警参加上级院开展的线上线下业务技能培训。培训内容方面，在统计分析、数据处理软件使用等数据统计的基础上，还应包括分析研判写作方法的传授，以及各业务条线办案流程等基础业务知识。重视大数据应用能力培训工作，邀请有丰富经验的实务专家，或者研究大数据与司法交叉领域的学者，参与培训方案设计，开展大数据专业知识、应用技能、司法实践案例等内容讲解，并组织实训实操。完善培训考核机制，针对培训内容，在培训后开展知识测评、实战考试等，倒逼参训人员端正培训态度，确保培训效果。

3. 强化实践锻炼。“实践出真知”，理论方法思路只有付诸实

---

① 董岭、高彦恺：《海量检察数据的安全性如何保障》，载《检察日报》2023 年 7 月 26 日第 12 版。

② 顾雪飞：《以习近平法治思想为指导　推进检察案件管理职能建设现代化》，载《检察业务管理指导与参考》（2023 年第 5 辑），中国检察出版社 2023 年版。

践，才能够真正干成事。要注重通过比赛练，通过积极组织业务竞赛、岗位练兵等活动，以赛促学、以练提能。要注重通过工作实践锻炼，以数据分析研判会商、大数据法律监督模型研发等工作为契机，组织案管青年骨干深度参与其中，在实践中增长业务知识，锻炼大数据思维。要适时组织人员，向上级院、其他先进院跟班学习，通过学习先进，不断提升工作能力。

地方专栏·江苏

DIFANG ZHUANLAN · JIANGSU

检察业务管理现代化理念下数据分析研判一体化机制研究

——以江苏省检察业务数据分析研判工作为视角

李前国　魏　勤*

目　次

检察业务数据分析研判是对业务活动中产生的各类数据，进行归类总结、量化分析，发现问题、剖析原因并提出对策建议的活动。近年来，随着司法体制改革的不断深入，通过强化检察业务数据分析研判工作，科学研究检察业务发展现状、分析研判发展态势，为检察工作长远发展提供参考，符合检察职能转型发展的需

* 李前国，江苏省人民检察院政治部副主任；魏勤，江苏省南京市江宁区人民检察院第六检察部数据管理员。

要。特别是《最高人民检察院关于加快推进新时代检察业务管理现代化的意见》明确规定：数据分析研判会商是精准指导检察业务纠偏、提升、发展的重要机制。由此可见，检察业务数据分析研判在案件管理乃至整个检察工作中的地位和作用越来越凸显。为提高工作质效，本文在践行检察业务管理现代化、“检察一体化”及双赢多赢共赢案管工作理念的基础上，结合开展业务数据分析研判工作的实践经验，探索检察业务数据分析研判工作和其他工作融合发展的路径，以期找准未来开展业务数据分析研判工作的方向。

一、检察业务数据分析研判工作和其他工作融合发展的必要性和可行性探究

业务分析研判能为检察工作实现固强补弱提供必不可少的依据和参考。而业务分析研判的发展，同样也离不开从其他工作中汲取素材和养分。脱离了其他工作的分析研判，犹如“沙上之塔”“海市蜃楼”，只见其形。而脱离了分析研判的业务工作，也犹如“井底之蛙”“夏虫不可语冰”，目光短浅。探索将检察业务数据分析研判工作和其他工作融合发展，从狭义上来说，主要是与其他检察工作、办案部门相融合，实现案管部门与办案部门的双赢多赢共赢；从广义上来说，还包括与其他政法机关（如政法协同平台）、外部其他机构、其他人员（如《最高人民检察院业务数据分析研判会商工作办法》规定可以邀请专业研究机构进行会商）通力合作，提升工作的深度和广度，进而实现参与社会综合治理的价值。具体的必要性和可行性分析如下：

第一，符合检察业务管理现代化的内在需求。检察业务管理现代化是一个完整体系。应勇检察长强调：业务管理既要管宏观也要管微观，要正确处理好宏观管理与微观管理的关系，发挥好业务管理现代化整体效能。宏观管理重在通过对一个地区、一个条线业务

数据的分析研判，发现检察业务运行的整体性、趋势性、苗头性问题，有针对性地提出前瞻性解决意见和措施，促进法律监督质效的整体提升。微观管理重在精准评价具体案件质量，发现和纠正具体案件办理中存在的问题。检察业务数据研判是检察业务管理现代化中宏观管理的重要渠道和手段，正确处理好检察业务数据研判与其他工作的关系，有利于推动形成相互促进、融合发展的业务管理体系。

第二，符合“检察一体化”及双赢多赢共赢的工作理念。根据“检察一体化”的工作要求，检察机关应发挥案管与其他部门之间“一体联动”的作用，结合案管数据优势和业务部门一线办案优势，深度挖掘数据资源和办案资源，开展数据分析研判工作，充分运用大数据推进法律监督全面深化变革，强化检务科学管理，赋能一体化办案。同时，最高检也把双赢多赢共赢作为案管工作的重要理念之一，指导各地树立科学的案件管理政绩观，要求增强主观能动性，提高管理智慧，改进工作方法，确保与其他部门之间的感情畅通、信息畅通、工作畅通，善于借力聚力，变“单打独斗”为“联合作战”，共同提升检察机关法律监督的水平。①

第三，符合检察工作整体进一步提升的趋势。一是“四大检察”协调发展需要数据分析研判。刑事检察有着成熟的工作经验和工作历史，但面临着创新最大的难题。民事、行政及公益诉讼业务开展相对落后，与刑事检察业务在发展上存在差距。因此，可以根据不同业务特点，厘清分析重点，有针对性地总结办案规律，找准发力点，梳理出不同业务的数据分析方法，切实助力“四大检察”向“强项更强、弱项变强”发展。二是司法体制综合配套改革需要数据分析支撑。全面落实司法责任制后，对检察官以及各个办案小

① 邢晓冬：《案管部门践行双赢多赢共赢理念妥善处理十个关系》，载《中国检察官》2021 年第 11 期。

组的办案质量、办案效果、工作量、人力资源分配、风险评估等方面进行研判的重要性更加凸显，也将为司法体制综合配套改革的深入推进提供有力参考。① 三是强化案管部门自身监督管理需要以业务分析为参考。案管要实现从局部管理到系统管理、从个案类案管理到整体业务治理的提升，也需要通过分析研判，进而转化为管理内容。

第四，符合业务数据分析研判会商的制度规定。在传统业务分析基础上，衍生出的数据分析研判会商机制，是指检察机关各内设机构之间或者相关的同级、上下级院之间，必要时还可引入专业的调研机构参与，围绕业务数据进行研究会商，共同分析检察业务数据反映的问题、原因、特点、规律，研判数据背后值得关注的趋势、影响等相关工作机制。根据《最高人民检察院业务数据分析研判会商工作办法》的规定，分析研判会商进一步延伸了分析的深度和广度，向制度化发展，必须多部门配合才能完成工作，呈现以下几个特点：一是参与人员广泛，不仅有院领导、检委会、案管、政策研究部门、各业务部门以及技术部门，还可以邀请下级人民检察院及专业研究机构进行会商。二是各部门分工明确。案管承担联络组织、数据提供、业务数据分析报告与会议纪要撰写等工作，业务部门将工作分析材料交至案管部门，并在会商后依据会商情况加强对本条线的业务指导，深入开展专题分析研判，将落实情况上报案管部门。三是业务分析工作常态化。规定每季度举行会商会议，必要时，可以临时举行针对专门问题的会商会议。对于会商的数据、内容、材料的检务公开及审查，也作出了明确规定。四是强调工作的质效。在研究的内容上更为深入，关注数据反映出的工作成效、态势、问题及原因对策等，并强调要实现立足推进国家治理体系和

① 吴金喜：《改革叠加背景下检察业务分析研判机制的优化》，载《人民检察》2019 年第 6 期。

治理能力现代化、服务经济社会发展的目标。

第五，符合检察大数据智能化的发展规律。近年来，全国检察机关以“科技强检”为目标，全力推进智慧检务建设，信息化水平大幅度提升。政法协同平台、检察业务应用系统2.0等办案类应用的陆续上线运行，推动了对各类办案数据的全面采集，构建了政法机关之间的大数据共享平台。和过去相比，案管部门掌握的业务数据增加，信息来源准确便捷，业务分析研判数据资源优势更为突出。在大数据时代能够勾画出完整的检务情况画像。数据能够客观、真实地反映各级院、各个内设机构、每名检察人员工作的情况，特别通过对数据的分析可以反映各个检察院工作水平、优势和弱势；通过把大数据运用到检察工作的全过程，能够为人才引进、培养、考核提供依据，实现检察机关人力资源的科学合理调配。① 总之，智能化大数据扩大了业务分析的范围，使得业务分析不再受制于信息局限，只要敢于分析、善于分析，就可以为检察工作的发展提供数据支撑和理论支持。

二、当前业务数据分析研判工作与其他工作的融合方式及现状

第一，案管部门内部业务数据的交叉融合。一方面，业务分析与案件质量评查相结合，形成宏观数据与个案类案相结合的分析报告，确保剖析问题全面透彻。如江苏省检察院针对法院退回以及撤回起诉案件居高不下的情况，对全省2020年以来的此类案件开展案件评查工作，找出在办理过程中存在的瑕疵问题，对办案中的实体问题和程序问题进行了分析，并提出切实可行的解决方案。另一方

① 沈琳梅、陆婵：《论以大数据为依托全面推进检察机关业务数据分析平台构建与应用》，载《上海法学研究》（集刊2019年第20卷）——上海市青浦区检察院文集。

面，业务分析与流程监控相结合，从流程监控中发现业务分析的素材，并运用业务分析研判的形式来分析流程监控中发现的问题，提高流程监控的质效。比如，在流程监控中发现，行政执行监督发出检察建议的案件，其检察建议长期未收到回函，针对对此类案件的检察建议采纳率等数据开展分析。

第二，案管与其他业务部门间数据的交换。一方面，业务数据分析研判会商机制的推行让案管部门能及时获取一线办案信息。根据《最高人民检察院业务数据分析研判会商工作办法》规定，业务部门要将本部门的工作分析材料交至案管部门。这就有利于案管部门接收业务部门提供的办案资源，并加以提炼汇总，从而撰写出更为优质的全院综合性业务分析报告。同时，以该综合性业务分析报告为基础，在会商结束后，对于变化异常的业务数据和存在瑕疵的业务工作，推动业务部门进行整改，并对部分重要问题，推动开展专项分析研判工作。另一方面，业务数据分析平台让业务部门能及时获取业务数据资源。如江苏省推行的检察业务数据分析平台，该平台以检察业务应用系统的办案数据为基础，可根据各业务条线个性化、多样化的分析需求，提供多维度数据分析展示，使案管部门和业务部门都能及时清晰掌握办案数据及案件办理情况。

第三，在检察机关外部进行的数据运行。一方面，依托其他政法机关的协助，充分挖掘、分析与利用检察业务数据。如积极推进政法协同平台建设，细化政法机关案件网上协同流转数据规则，进一步明确案件基础数据网上协同和技术规范等标准，推动政法平台单轨制运行，为检察业务分析研判提供了更加丰富的数据资源。另一方面，与人民监督员、听证员“两员工作”协调发展，根据每次会商内容的不同、对专业性需求的不同，抽调或邀请“两员”中专业对口的人员，适当听取他们的意见和建议，并坚持常态化在外网对社会发布主要业务工作数据，展现办案数量及效果的变化情况，主动接受外部监督。同时，也可合理借助“外脑”力量，邀请专门研究机构以及学校科研力量等参与业务分析研判，这种方式目前运用较少，仅个别一线城市的检察院有过尝试。

第四，上级院与下级院之间的数据联动。《最高人民检察院业务数据分析研判会商工作办法》中规定：可以邀请下级院参与会商。这也是“检察一体化”上下级检察机关纵向联动的要求。以江苏省为例，在保证数据查询便捷性和准确性的基础上，省院根据各下级院的办案特点和资源优势，必要时，将部分数据分析研判任务合理分配给下级院，下级院结合自身一线办案经验，加上全省的办案数据资源，拓宽分析的视野和范围，以服务全省检察工作发展的视角去完成工作，形成更高层次、更高质量的业务态势分析。

三、 实践中业务数据分析研判工作与其他工作融合存在的问题

第一，业务融合存在操作困难。在上述四种融合方式中，除了案管部门自身职能融合是部门内部的协作，进展比较顺利，其他三种融合方式在实践中存在一定的困难。一是与业务部门职能的融合存在观念差异。从实践来看，一定程度上存在案管部门“剃头挑子一头热”的现象。业务部门往往认为检察业务数据分析研判只是案管的职责，特别是在目前的检察官业绩考评中，并未将检察官完成业务数据分析研判工作情况纳入进来，难以调动检察官对分析研判的积极性。二是院际之间的融合存在一定障碍。主要原因是目前的检察数据权限、大数据互通是单向的，即上级院可以共享下级院的数据信息，反之则不通；且在同一地区同级院，不同地区的不同级院之间也未能实现信息共享。三是外部社会机构参与智力支撑缺乏可借鉴的经验。检察业务数据往往是涉密数据，因此会产生诸多限

制。目前，社会机构参与检察数据分析研判会商尚处在探索阶段，没有任何可以借鉴复制的成功经验，各级检察机关对如何把握工作的尺度仍心存疑虑。①

第二，数据基础支撑力度不够。一是少数地区存在虚报瞒报数据甚至“反管理”的情形。从 2018 年、2019 年全国开展的重点数据专项核查中可以看出，一些地区将公安或法院未整改的案件，直接填写纠正日期，生成错误的监督数据；或针对一类问题同一单位，同时发出多份纠违通知书，多次填录纠违数据，造成数据虚增。二是通报权责不明。对于填录问题，一般只对案管进行通报，对于填录问题的源头，即业务部门不受任何约束。三是业务部门数据填录质量有待提高。案管数据管理员普遍反映，每天将大量的时间精力放在了跟踪业务部门整改数据填录问题上，同类错误反复出现，既耗费了案管人员的工作精力，也影响了数据分析的准确性。如在撰写全省洗钱犯罪分析时，发现不少单位存在漏填上游犯罪类型的现象，一定程度上影响了对洗钱犯罪和上游犯罪关联性的判断。四是政法平台推送的案件信息不准确。主要因为案管在受理案件时运用协同功能自动导入公安填写的案件信息和人员信息，发现错填率较高，影响了受案信息填录的准确性。

第三，分析研判队伍能力不足。一方面，人力不足，普遍身兼数职。很多分析研判人员往往被案件流程监管、数据监管、案件评查、受理审查等日常事务占据了大部分工作时间。另一方面，案管和业务部门分析研判能力不足。部分参与分析研判的人员掌握的检察业务知识不够全面，有“偏科”现象，倾向于对较为熟悉的检察业务开展分析，对相对不太熟悉的业务，存在畏难情绪。此外，业务部门提交

① 石建辉、范辉：《新形势下加强业务态势分析工作的思考》，载《人民检察》2018 年第 15 期。

的分析材料普遍存在缺乏统筹全局思考谋划的意识，有的纯粹是罗列办案数据，有的是文字表达能力欠缺，分析和思考表达不到位。

第四，参与社会综合治理影响力不够。一是只关注办案中的困难而忽视了社会关注的问题。在选题方面，不能做到紧跟时事热点，做不到及时回应政府和群众最关心的问题。在表述方面，一些分析研判材料更像是通过数据进行学术探讨，法律专业术语较多，只适合司法机关内部参阅，政府机关或没有法律基础的群众阅读起来云里雾里。二是对策建议缺乏针对性和可操作性。提出的建议过于理想化和笼统化，且未明确建议哪些部门需要开展什么工作，数据分析研判材料的参谋作用大打折扣。三是过于就事论事，缺乏前瞻性。数据分析研判应做到运用检察大数据，继续深挖社会治理中的倾向性、苗头性问题，为服务大局、维护辖区稳定贡献力量，而不是就数据论数据，只起到一个评价的作用。四是推动综合治理落实工作不到位。相关单位仅局限于数据分析研判材料被上级院采用、被领导批示可以考核加分这一方面，而忽视后续相关工作的开展、法律监督效果等情况，存在本末倒置的现象。

四、 完善业务数据分析研判工作与其他工作融合发展的路径

第一，完善数据分析研判工作中案管部门和办案部门的协同制度。数据分析研判并非仅案管一个部门的工作，需在发挥案管枢纽作用的基础上，保证办案部门及其他相关综合部门的参与度，共同提高数据分析研判质量。江苏省人民检察院出台的《江苏省人民检察院关于加快推进新时代检察业务管理现代化的实施意见》及其附件《江苏省检察机关加快推进新时代检察业务管理现代化指引图》（以下简称《指引图》）中，进一步完善了案管部门和其他部门的协同制度。根据《指引图》所示，数据分析研判工作分为办案部门自

我管理、案管部门专门管理、其他部门协同管理三个部分，办案部门需定期对本条线业务进行分析研判并及时将分析材料报送案管部门，就各项业务数据反映的工作成效、态势、问题以及原因、对策等提出意见，及时落实会商要求并将落实情况报送案管部门、依据会商情况加强对本条线的业务指导。案管部门负责联络组织数据提供和报告撰写、汇报业务工作整体情况和分析情况并提出需要关注的问题、对变化异常的数据发出预警提示。同时，办公室和案管部门应当加强对议定事项的督办，信息技术部门应当对业务数据的统计工作提供有力技术保障。

第二，充分发挥业务分析研判工作对履行检察职能的作用。依托业务分析会商制度，发挥对上参谋对下指导的作用。下级院应定期将会商成果上报，并积极参与上级院的会商会议，推动上级院的"居高谋划"更精准、更务实。上级院指导和督促下级院对相关问题进行整改。同时，扩大分析成果的影响力，发挥参与社会综合治理的展示作用。注重将业务管理与社会治理相衔接，针对业务管理中发现的社会治理问题，积极向党委政府提交专题分析报告，为党委政府在法治轨道上推进国家治理体系和治理能力现代化提供决策参考。在不违背涉密原则的情况下，将部分分析研判的成果作为检察业务宣传新方式，把检察监督业务特色、典型案例、工作成效等作为向群众的展示重点，展示检察机关新形象，增强检察工作的社会影响力。

第三，夯实基础，保证业务数据的准确性和及时性。一是探索智能化数据填录及核查方式。如积极寻求技术的帮助，进一步探索数据回填机制，提高数据自动化填录的比例。① 运用政法平台协同

① 沈琳梅、陆婵：《论以大数据为依托全面推进检察机关业务数据分析平台构建与应用》，载《上海法学研究》集刊（2019年第20卷）——上海市青浦区检察院文集。

功能自动导入其他政法机关填录的信息时，对于不符合填录逻辑的项目，系统开通自动提醒预警机制，以此来保证受案信息的准确性。同时，运用“数检通”等数据核查模型，提高数据管理效率。二是严格审核通报制度。树立正确政绩观，坚决杜绝数据造假，防止数据不实。区分录入责任和审核责任，办案部门要加强检察业务数据源头管理，准确、规范、同步、完整填录案件信息，及时进行自查、修正和补录。案件管理部门要常态化开展日常审核、检查督查、质量通报，加强与侦查机关、审判机关等的核查比对。坚持通报制度，对于履行数据管理责任不到位，出现弄虚作假、虚报瞒报、漏报错报以及数据准确率差的，上级检察院案件管理部门可以约谈下级检察院分管院领导和办案部门、案件管理部门主要负责人，责令说明情况、限期整改。必要时，上级检察院检察长约谈下级检察院检察长，并通报情况。三是提升数据管理的水平和能力。学好用好《全国检察业务应用系统 2.0 填录标准和说明》及其后续升级版本，组织开展案卡填录精准化培训，指导办案人员准确、规范、同步、完整填录案件信息，及时上传相关案卷材料，确保电子案卷随案生成。针对系统中新增和发生变动的数据填录项目及报表，应进一步修改重要核查点提醒，增加审核注意事项指导。

第四，探索建立业务分析研判的相关配套机制。一是建立重大事项、热点问题专题分析机制。围绕区域发展大局，关注重大部署、改革、法律实施后的变化在本地的落实情况，发现存在的问题及原因，提出具体意见和措施。同时，围绕涉及民生的社会热点问题，于小处着手，选准检察业务与这些问题的独特视角，对相关违法犯罪行为进行分析，为服务领导决策提供科学参考。二是建立与公安、法院等单位的业务数据会商研判机制，定期通过座谈会、书面反馈、政法协同平台等形式，交流个案分析、共享业务整体运行态势，听取对检察工作以及检察业务分析的意见和建议，整合信息资源，推进解决各单位的信息差异等问题。① 三是建立外部社会机构及人员参与业务数据会商研判机制。在保障涉密数据、涉密案件等信息安全的前提下，尽快制定、出台外部社会机构参与研判的细则。同时，充分发挥人民监督员和听证员的作用，根据需求邀请部分人民监督员和听证员参与会商，广泛听取相关人士的意见建议。

第五，开展业务分析专业化人才队伍建设。一是定期举办业务分析培训、业务分析竞赛，将业务分析人员培养成案件管理工作的“专家医生”和检察各业务条线的“全科医生”。二是增加下级院参与上级院业务会商的频率。建议上级院每季度选择部分下级院参与会商，并从下级院人才库中轮流抽取人员到省院跟班参与业务分析研判工作。三是完善业务数据分析研判质效考评和奖励机制。发挥检察官业绩考评作用，激励检察人员提高业务分析研判能力水平。通过开展优秀专项分析报告评选、统筹重点课题、组织“派单制”“约稿式”活动等，集中各部门资源，并对表现优异的人员进行表彰鼓励。

① 庞斌、张迪：《“三三工作法”做实做深业务数据研判》，载《检察日报》2021 年 7 月 23 日第 3 版。

检察机关案件质量评查与案件质量检查融合发展路径研究

孙　莉　张　娟　孟　珍*

目　次

---

* 孙莉，江苏省徐州市新沂市人民检察院党组书记、检察长；张娟，江苏省徐州市人民检察院案件管理部主任；孟珍，江苏省徐州市新沂市人民检察院第六检察部检察官助理。

（四）深化数字赋能机制

新时代推进检察工作现代化，需要加快推进检察业务管理现代化。加强检察业务管理，需要建立健全业务管理一体化运行机制，在完善业务评价体系中探索案件质量评查与检查机制融合发展。这是管好案件质量的有效方法，对推进新时代检察业务管理现代化，全面准确落实司法责任制，促进高质效办好每一个案件，都具有十分重要的时代意义和现实意义。

一、案件质量评查和案件质量检查的关系

案件质量评查，是指对人民检察院已经办结的案件，依照法律和有关规定，对办案质量进行检查、评定的业务管理活动。① 案件质量检查，是指对已经办结的案件，由办案人员开展自查、办案部门组织核查，作为案件归档前的必经程序。案件质量检查是一种新生机制，目前尚在探索中，包括江苏新沂市院等一些地方的基层检察院正在组织开展试点，力求形成一些可复制可推广的经验做法，为检察机关全面推行提供有益借鉴。

（一）机制缘起

2017 年《人民检察院案件质量评查工作规定（试行）》的实施，标志着案件质量评查工作进入了规范发展的新时期。2024 年 1 月，最高检印发的《最高人民检察院关于加快推进新时代检察业务管理现代化的意见》中，首次指出探索建立案件质量检查工作机制。2024 年 5 月，最高检案管办发布的《检察机关案件管理部门贯彻落实〈最高人民检察院关于加快推进新时代检察业务管理现代化

① 参见《人民检察院案件质量评查工作规定（试行）》第 2 条。

的意见〉的实施意见》中明确，案件管理部门加强与办案部门的协作配合，配合办案部门探索建立案件质量检查工作机制，推动办案部门对已经办结的案件开展自查、核查。

（二）二者的区别

1. 实施主体不同。案件质量评查工作由案件管理部门、办案部门统筹组织，各级人民检察院的入额检察官均具有担任评查员的资格和责任，应当服从统一安排和调配，按照要求承担和完成所分配的案件质量评查任务。[①] 案件质量评查分为重点评查、常规抽查和专项评查三类。常规抽查、重点评查由案件管理部门组织开展，经检察长批准，也可以由相关办案部门组织开展。专项评查由相关办案部门组织开展，也可以由案件管理部门单独或者会同办案部门组织开展。案件质量检查则由办案人员自查、办案部门组织核查，故案件质量检查的组织部门是业务部门，检查人员首先为业务部门的承办检察官，其次为部门负责人或者其他检察官。

2. 案件范围不同。案件质量评查中的重点案件评查，主要是对批准或作出逮捕后不起诉处理的案件、提起公诉后又撤回起诉案件、人民法院判决无罪或免予刑事处罚案件，进行逐案评查；常规抽查是每年度随机选取一定数量或者比例的案件进行抽查；专项评查是对特定类型案件或者案件的特定环节、特定问题组织专项检查评估。据此，案件质量评查现阶段只覆盖部分案件，以后逐步探索对办理的所有案件都进行评查。而案件质量检查是对已经办结的案件，在归档前进行检查，覆盖办结的每一个案件，并且要求作归档前的必经程序，具有强制性。

3. 结果确认不同。案件质量评查后，要对案件进行结果评定，

① 参见《人民检察院案件质量评查工作规定（试行）》第8条。

定性为优质案件、合格案件、瑕疵案件或不合格案件。对于不合格案件，还要由检察长或者检委会决定。而案件质量检查只要求开展自查、核查工作，并没有确定等次的要求，但按规定要对发现的问题根据不同情形依法作出处理，提出改进和加强工作的具体措施。

4. 时间跨度不同。案件质量检查是案件归档前的必经程序，是案件作为检察产品应当接受检查的属性使然，时间上受案件归档时间的限制，要求在案件归档前完成。案件质量评查是对办案质量的评定，不受是否归档的限制，既可以由案件管理部门、办案部门依职权主动发起，也可以由人大代表、政协委员、人民监督员等要求发起，有些可能距离归档后较长时间，理论上也无时间跨度的限制。

（三）二者的关联

1. 主体有交叉。案件质量评查由案件管理部门、办案部门统筹组织开展，故案件管理部门、办案部门的检察官均可担任评查员，实践中还会邀请具有专业背景的人民监督员担任评查员；案件质量检查由办案部门组织开展，首先是承办检察官，其次是办案部门负责人或者其他检察官。

2. 标准相同。无论是案件质量评查还是案件质量检查，针对的都是案件的事实认定、证据采信、法律适用、重要办案程序、司法责任制落实等方面，采用的都是兼顾实体法与程序法的统一标准，都要客观、公正、全面地进行评查、检查。

3. 功能相通。案件质量评查、检查，都是既能直接作用于对个案质量的监督，也能全面评估和把握案件办理整体形势，实现对办案质量的动态管理，都可以实现个案事后纠错功能、类案办理事前预防功能。

4. 价值一致。都是为了守牢案件质量“生命线”，强化“在办案中监督、在监督中办案”，形成常态化的内部监督制约机制，防止滥用检察权，落实好“高质效办好每一个案件”要求，助力检察机关服务经济社会高质量发展。

二、案件质量评查和案件质量检查融合发展实践中存在的问题

（一）思想认识不够统一

受十余年来“案件管理是案管部门一家的事”的影响，办案部门对案件质量评查总体上还没有完全接受，如今又强调加强办案部门自我管理，提出案件质量自我检查，对此办案部门思想认识是不够统一的。很多办案部门在思想上存在“我负责办案，案管部门负责检查”的认识误区，误认为案件质量检查就是案件管理部门的事，与自身工作无关；案件管理部门也有会把案件质量检查工作当作案件质量评查工作程序来进行的情况，两方部门对履职定位把握不准。

（二）工作衔接不够紧密

案件质量评查与案件质量检查分别由不同的部门组织开展，有时交换通报各自的检查、评查结果不能完全到位。案件质量检查中发现的苗头性、倾向性问题，在案件质量评查中又再次出现，案件问题重复出现再反复纠正。检查、评查各自为政，浪费司法资源，监督效果亦不明显。

（三）结果应用不够充分

目前案件质量检查未计入工作量，影响了部分检察官开展案件质量检查的积极性。在案件质量评查中，除了被评查为瑕疵或者不

合格等级之外，评查结果对案件承办检察官影响较小，一些低级小差错“屡评屡犯”。评查以查找问题为主，评优作用发挥不足。

（四）数字赋能不够给力

随着案件数量的激增，传统的人力评查、检查模式已经难以满足现实需要，未形成灵活、全面的大数据体系，对案件信息的数据挖掘、比对、智能评查、智能检查能力还有待提高。数据智能化水平较初级，对案件质量的智能检查还未形成成熟体系。

三、案件质量评查和案件质量检查融合发展的路径探索

在深入推进新时代检察业务管理现代化的进程中，推动案件质量评查、案件质量检查融合发展是完善案件管理监督机制的重要举措，也是构建检察监督体系不可或缺的一环。建议健全完善四项机制推动二者融合发展。

（一）优化评价机制

将案件质量检查作为检察官的办案工作量，夯实案件质量检查工作基础。参照质量评查工作量计算方式，建立质量检查工作量测算体系，区分检察官自查与办案部门组织核查，确定不同权重折算工作量。将案件质量检查情况作为对部门评价的重要组成部分，对于在质量检查中提出抗诉线索的检察官，在对其个人评价时予以考虑。

（二）实化反向审视机制

从前文阐述可知，会有部分案件将先后接受质量检查、质量评查，并且因为质量检查与质量评查标准一致，使得质量评查在对案

件办理本身进行评价外，还可以兼具对案件质量检查工作的评价功能。如果评查发现检查未发现的问题，既说明案件办理本身存在问题，也说明质量检查工作不细致不到位。在江苏省新沂市人民检察院，已经探索评查发现的实体及重大程序问题案件，除计入承办人司法档案外，要求检查人书面说明未查出问题的原因，不断压实案件质量检查责任，进而转化为强化检查的内部驱动力。

（三）细化效能释放机制

将案件质量检查问题整改情况作为质量评查的一项重要内容。将案件质量评查中发现的易发多发问题作为质量检查预警的重要项目，实现案件质量评查与案件质量检查优势互补，凝聚监督合力。处理好纠错与评优之间的关系，更加注重正向激励，明确案件质量检查中发现的质量较好案件，推送开展案件质量评查，经过两轮查阅检验的，评定为优质案件并优先评选典型案例、开展个案评审观摩；对评查、检查工作开展较好的个人及团队，及时表扬奖励。

（四）深化数字赋能机制

结合案件质量评查、案件质量检查发现的高频率问题，选择小切口研发软件，比如，对被告人前科释放时间与此次故意犯罪时间进行比对，判断是否超过 5 年，确定累犯认定是否准确。又如，对盗窃、敲诈勒索、介绍卖淫等案件设置罚金刑判定规则，确定罚金刑是否诉判得当等。在案件质量评查、案件质量检查中会产生大量的“派生数据”，充分释放数据关联作用，用大数据呈现各承办人、各部门和各单位的案件办理规律和办案质量情况，有助于提高案件办理效率和质量。

个案质量实质化评查的基层检察探索

邱颖娴　王姣玲*

目　次

* 邱颖娴，江苏省常州市新北区人民检察院检察委员会专职委员、一级检察官；王姣玲，江苏省常州市新北区人民检察院第六检察部副主任、一级检察官。

案件质量是检察司法办案的生命线，提升检察工作质效和司法公信力的重要保障。2024 年 1 月，最高人民检察院印发《关于加快推进新时代检察业务管理现代化的意见》，强调加强个案管理，通过个案过程管理、结果评判，强化业务管理与办理并重，有效提升个案办理质效。案件质量评查是对个案办理工作全方位的体检，是检察机关对已办结案件的质量进行全面、深入的检查、评价和监督的重要活动。如何让个案质量评查摆脱形式化，做到真监督、真治理，是检察机关精准开展业务管理的基础命题和重要任务。

一、 个案质量实质化评查的江苏检察实践

（一）探索“大异地 + 专业化”网上交叉评查模式

案件质量评查的核心目的在于通过对案件办理全过程和最终结果的细致审查，精准发现潜在问题，既注重个案问题整改，又注重举一反三，推动类案治理和预防。为解决评查员因评查同事、朋友、领导所办甚至检委会所决定案件会产生的不愿评、不敢评、不真评弊端，江苏省检察机关秉持“双赢、多赢、共赢”的监管理念，处理好案件办理和案件管理的辩证关系，将最初的地市异地交叉评查升级为跨地市“网上异地 + 专业化”交叉评查，破解“同体监督”难题，通过集中评查罪名、统一评查规则，发挥各地市“背靠背”且仅评查一类罪名的专业评查优势，最大限度消除评查人的

顾虑，将以往线下评查时检察官记录在个人笔记本上的内容通过平台全过程留痕，让问题藏不住、责任躲不掉。个案评查由原来的不敢评、不愿评，变为大胆评、认真评，案件评查质效立竿见影。

（二）建立个案质量评查的案件化办理机制

为规范全省三级院网上异地评查立体化流程，江苏省检察院结合异地案件质量评查工作实际，制定《江苏省检察机关案件质量评查实施细则》，完善了案件质量评查异议解决闭环机制，推动了个案质量评查案件化办理机制的建立。江苏省检察院将全省不捕不诉、撤回起诉、判决无罪、诉判不一等重点案件，自动抽取后按罪名分配给13个设区市进行专业化评查，市级院再逐步分流至区县院的负责评查工作的检察官。评查员以办案人视角进行案件化办理，根据评查规则的赋分，逐一对照扣分项，并撰写个案评查报告。对拟评定为瑕疵、不合格等次的案件，建立检察官联席会议机制，评查员会同业务部门检察官、分管领导等商讨案件情况，并对评查结果增设初评异议、市院复议、省院复核三种递进救济方式，较好地保障了评查过程的规范性、评查结果的严肃性、评查结论的接受度。

（三）上下一体组建专业化案管评查团队

案件质量评查是检察机关服务经济社会高质量发展，输出合格法治产品、检察产品的基本环节。① 江苏省检察机关牢牢把握“中枢”“高质量”关键词，不断强化全局、系统、一体化三种思维，克服以往单兵作战时评查力量不足、能力有限，甚至长期远离办案岗位等问题短板，选取案件数量较多的危险驾驶、盗窃、故意伤害

① 申国军：《检察机关案件质量评查的价值目标与组织开展》，载《人民检察》2021年第6期。

等13个罪名，科学定向地分配给相应的13个设区市，由设区市院联合基层院检察官组成专门评查团队，对该罪名的案件进行“庖丁解牛”式的评查和研究，如苏州以全市为单位选择案管骨干力量组建“苏管强”专业化评查团队。各市在评查的基础上全面储备某一类罪名的法律知识，系统深入研究司法办案中存在的问题，统一全市评查标准。为推动评查经验总结，江苏省检察院组织三级院积极参与汇编25.8万余字的常见的13个罪名的案件质量评查指引。

（四）研发轻刑案件智能化评查应用模型

2022年，最高检案管办结合检察机关“质量建设年”工作部署和全国检察机关第二次案件管理工作会议要求，在苏州昆山市院开展案件质量智能化评查试点工作。① 2023年以来，苏州、镇江等地的检察机关以推动“数字检察战略”为契机研发智能化业务管理应用模型，着力对交通肇事、危险驾驶、盗窃、故意伤害等诉判一致的轻刑案件实现系统自动评查，用于改善人工评查方式的人力不足问题。通常的做法是在案件质量智能化评查系统中预设相关规则，通过对固定罪名评查规则的归类整理，准确定位交通肇事、危险驾驶等案件的问题焦点，形成一整套智能化评查适用规则，作为系统基础运行。在开展智能化评查时，依托“全国检察业务应用系统2.0”平台的基础数据，通过NLP语义分析技术进行文字识别，提取关键信息，再与系统预设的智能评查规则进行数据碰撞，未被触发反向条件的则自动评查“过关”、案件“合格”；反之则转向人工评查进行进一步判断。

① 马昆：《检察机关案件质量智能化评查的路径研究——以江苏省昆山市人民检察院为实践样本》，载《中国检察官》2023年第21期。

二、 基层检察机关个案质量实质化评查的困境

通过近三年的探索和实践，江苏省检察机关个案质量评查工作取得了一定效果，推动了一批类案的治理。比如，促进了全省醉驾案件不起诉标准、交通肇事案件的自首认定标准、传唤是否能折抵刑期等标准的统一，并推动出台了《江苏省检察机关醉酒型危险驾驶案件办案指引》《〈关于常见犯罪的量刑指导意见（试行）〉实施细则》等规范性文件，对规范司法办案行为，提高办案质量和效率发挥了积极作用。但从目前基层检察机关运行情况来看，个案评查工作还存在一些不完善之处。

（一）评查主体因素影响评查效能

一是案件承办人存在抵触情绪影响评查员的积极性。案件承办人的理解、支持和信任是案件质量评查机制能否长久有效运转的前提，不少案件承办人将评查视为纠错、找茬。评查结果发送承办人后未能引起重视，长期不整改和反馈问题，即便不同意评查结果也不提出异议，久而久之评查员更倾向于不查出问题。二是评查主体的法律地位不足，评查主观能动性不强。传统意义上，案件办理系检察机关的主责主业，而案件评查则是检察辅助、衍生工作，评查员对评查工作缺少职业尊荣，主观能动性受到挫伤，基层评查工作中也未设立评查委员会等高级别的评查组织。三是有的评查员更偏向于程序纠错，将重点放在易发现的文书瑕疵上，很少从办案实体方面进行分析，或者即使评查员能够实事求是地对办案质量作出评价，提出改进的建议，但缺少进一步转化的手段，不利于实现促进作用。①

① 杜金洪、周林：《构建案件质量评查机制的路径探析——以龙子湖区院案件质量评查为视角》，载《湖北经济学院学报（人文社会科学版）》2018 年第 8 期。

（二）评查标准认识的局限性

案件质量评查不仅涵盖了检察机关法律监督的各个业务领域，还贯穿于员额检察官办理的每个案件的诉讼程序的全过程，但实践中多倾向于评查相对成熟的刑事检察业务，对公益诉讼检察业务、行刑反向衔接业务、控告申诉检察业务的评查较少，甚至没有相关的评查细则可供参考。评查标准大致结合证据审查、事实认定、法律适用、办案程序、司法责任制落实等八个方面给予优质、合格、瑕疵、不合格四个等次评价，但这八个方面仅是方向性规定，其中涉及的问题数量众多、涉及面广，认定分歧和难度大，如诉讼监督、办案效果所反映的办案质量要素等，也是体现案件评查专业水平和价值的关键部分，这些重要方面的细化程度不够，尤其是在社会效果的综合考量等方面，关注程度远远不足，难以全面客观评价案件，大量“其他认定情形”需要根据具体案件来确定。即便是简单明了的法律条款援用错误，到底是认定为笔误的一般问题，还是法律适用错误的严重问题，不同评查员会作出截然不同的判断。①而这又往往包括标准怎样制定、如何运用等不同层面的问题。②

（三）各办案环节、流程关联审查不足

评查工作应全面涵盖案件办理的各个关键环节和重要方面，包括但不限于检察办案环节中案件事实的精准认定、法律适用的准确性、程序流转的合法性、证据的收集与审查、文书的规范制作等。比如，对某个审查逮捕案件评查时，通常做法是仅限于该逮捕阶段

① 李前国、尹红、王明君：《检察机关开展案件质量异地评查的创新实践——基于对江苏省检察机关案件评查系统的严查》，载《人民检察》2021 年第 21 期。

② 葛建军、周霞琴：《科学推进案件质量评查的体系化建构——以上海市检察机关的工作实践为样本》，载《人民检察》2019 年第 12 期。

的案件办理审查，对前期提前介入意见、后续补充侦查情况、案件不捕后的跟踪处理情况掌握不足，不能全面审查影响案件处理的主客观因素。故评查一个案件时，应在全国检察业务应用系统中对该案件所关联的提前介入案件、侦查活动监督案件、审判活动监督事项等进行关联审查，以便全面评价办案质效。对疑难复杂、社会影响较大案件的“案后”评查略显滞后，若仅满足于案后质量评查，忽略前期的流程管理、舆论影响等，即使评查出问题也不能起到防患于未然、治患于当下的作用，且对已经造成的不良影响评价难以恢复。司法实践中，有业务专家提出重点案件应通过事前适时预警、事中跟进管控、事后质量评查等建立案件质量全流程预警管控体系,① 从而最大限度降低案件质量风险。

（四）案管专职评查员身兼数职且缺乏办案经验

基层案管部门的人员配置存在结构失衡的问题，要么年龄偏大，要么入职不久，两极分化较明显，且仅配备 1 名至 2 名员额检察官。基层案管部门与法律政策研究、数字检察、检务督察等部门“合署”办公，一套人马兼具多项职责，检察官分身乏术。案管部门检察官长期脱离办案业务、法律专业知识储备和更新不足、“四大检察”实务操作经验缺乏，成为掣肘案管人员履行案件管理职责的重要因素。案管部门检察官对案件的管理多表现为案件是否超期、权利义务是否告知、文书种类是否齐全等偏程序性的审查工作，对于案件适用法律是否明显存在错误、文书内容是否明显不当、是否有引发舆情的风险等关乎案件质量实质性内容的审查能力还有待提升。

---

① 李前国、刘梅珍、蔡苏华：《案件质量动态预警管控体系的内涵与构建》，载《人民检察》2023 年第 S1 期。

（五）评查结果运用的局限性

基层实践中，本院案管部门主动开展的评查较少，对评查中发现的法律文书、卷宗归档、案件信息填录不规范等问题很少联合检务督察部门对评查结果进行督察通报，而通报中列明办案检察官的姓名及不规范事项，能起到警示、评价、督促整改等作用。评查异议反馈时间较长，回复整改较慢。评查的结果与检察官的配套奖惩机制表面挂钩，但实际影响不大，对办案检察官没有发挥应有的激励和警示作用，一定程度上影响了评查工作的实效。①

三、 案件质量实质化评查的发展进路

（一）细化分解评查标准

1. 评查规范全流程细化。最高检和江苏省检察院对于如何具体开展案件质量评查给予方向性指导，市区级基层检察机关在具体运用时，在规范层面上有待进一步细化。一是明确评查内容。如“案件事实”包括犯罪主体、情节、实施犯罪的过程及细节、犯罪数额以及犯罪嫌疑人的犯罪动机等多个方面，而实际评查过程中，判断案件是否达到“认定事实清楚”尚缺乏具体规范，基层检察机关在评查工作开展时，应就评查内容进行明确，为具体评查工作的开展方向划定范围。二是规范评查程序。对于如何开展案件质量评查，基层检察机关应制定具体的评查方案，包括评查人员的调配、个案问题补正反馈、评查普遍问题的整体治理等，并经过政工人事部门以及检察委员会的确认，增加评查工作的刚性和评查结果的运用。三是细化评查等次。建议在实践中区分设立“一般瑕疵案件”和

① 王体功：《检察机关案件质量评查机制的完善与发展》，载《人民检察》2019 年第 12 期。

“重大瑕疵案件”两类，将办案过程中检察官已尽到充分、审慎注意义务且履行了向上级汇报或提交检察委员会审议等规范决策程序，但最终仍出现法律适用或者事实认定上瑕疵的案件规定为“一般瑕疵案件”，为办案检察官提供容错空间。①

2. 评查环节全流程分解。在不违背司法责任制的前提下将个案质量评查分解到办案过程，可以有效应对案件质量评查事后监督的滞后性弊端。一是以程序性的流程监控为手段开展日常评查，案管部门和办案部门各自设立流程监管员岗位，重点对接阶段性的办案程序、案卡数据等。二是以办案环节变化为关口开展节点评查，制定该环节评查的标准细则，指引办案人员注意重点事项，尤其是“退查不重报”“移送单位撤回”等非正常结案处理的案件，是否有后续的跟踪监督措施等。三是以规范办案为重点开展结案评查，重点在案件的实体处理上下功夫评查，将办案部门的自我检查和案管部门的专门评查有机结合起来，使检察人员的质量意识和责任意识进一步增强，实现流程监控与案后质量评查的优势互补，促进案件质量、案管评查能力双提升。

（二）优化评查“智囊”团

1. 跨区域、跨部门调配评查人力资源。对于《人民检察院案件质量评查工作规定（试行）》规定的四类重点评查案件，适用江苏省检察机关探索的“大异地 + 专业化”评查模式，实现跨地市检察官交叉评查；专项评查工作与业务部门对接，共同制定评查方案，由案管部门与业务部门共同调配资深检察官参与评查，推动管案与办案的融合共促；市级检察机关统一部署全市各区（县）入额院领

① 北京市朝阳区人民检察院课题组：《基层检察机关案件质量评查工作的现状及完善——以 B 市 C 区人民检察院的工作实践为样本》，载《北京政法职业学院学报》2023 年第 2 期。

导办案的交叉评查工作，而市级入额院领导办案情况则实行跨地市交叉评查模式。通过对评查案件的分类、分工，做好评查资源的合理分配，同时保证开展评查工作的客观性和公正性。

2. 引入社会力量强化外部监督。评查员由检察机关内部的业务骨干、经验丰富的资深检察官组成。他们具备扎实的专业知识、丰富的办案经验、深厚的法律素养和高度的职业道德，足以对案件的办理质效给予专业评判。但社会效果好不好关键还在于普通人民群众的感受，让他们自己感受案件办得好不好、是否符合公平正义的目标。故在评查员的组成中可邀请法学专家、知名律师、退休检察官、人民监督员等第三方人士参与评查工作，借力“外脑”扩大评查影响力和检察公信力，提高评查结果的说服力。比如，贵阳市中级人民法院为推进司法公正和司法体制综合配套改革，聘任63名专家学者组建案件质量评查专家库，促进法院审判质效再上新台阶。①

（三）辅助运用智能化评查手段

1. 智能化辅助平台的研发。“信息化建设是推动检察工作科学发展和提高检察公信力的重要引擎。”② 立足于“检察+人工智能”的发展路径，积极研发并应用智能辅助系统开展评查工作，实现案件评查的全覆盖。比如，昆山市院对“程序性评查和公检法意见一致，当事人没有不同意见”的醉驾案件实现自动评查。今后应强化智能化辅助平台的建设，进一步拓展自动评查的案件范围，对“诉判一致、当事人没有异议”的轻刑案件全部纳入智能评查的范围。一是利用OCR文书识别技术、NLP图像处理技术等对非结构化文书

① 《贵阳中院聘任六十三名案件质量评查专家》，载《贵州日报》2020年12月11日第12版。

② 董桂文、石献智：《〈人民检察院案件质量评查工作规定（试行）〉的理解与适用》，载《人民检察》2018年第3期。

进行数据提取，并设计评查要素提取功能，为后续智能业务开展提供数据基础。二是归类整理评查要点，通过整合分类案件信息数据、提取关键共性特征，自动提炼案件评查具体内容，自动标注不符合项，为后续充分比对案件质量评查要点、进一步发挥数据模型自动分析评查线索等高智能作用奠定逻辑基础。① 三是建立类案识别推送。类案识别的作用在于为评查员推送待评查案件的“类案”，以及案件相关的事实认定、证据审查、法律适用、办案效果等评查要素，并由系统设定参考评查偏离值和案件相似度值②，让评查员从繁重的类案检索或人工查阅中脱离出来，结合系统评定参考与人工对比分析，给定相应的评查结果。

2. 评查数据的深度运用。运用大数据技术等智能化手段对评查的海量数据进行实时统计和分析，进一步研究搭建评查经验更新应用框架，将评查经验同步更新为类案数字逻辑模型，生成各类报表和图表，可以发现案件办理中的共性问题和薄弱环节，有针对性地制定改进措施和提出加强社会治理的建议，为检察机关的管理决策提供数据支持。加强数据统计分析功能的研发，通过对大量刑事案件数据的整合和分析，借助线上评查模式的广泛推行，评查数据不断累积，从单位、条线、部门、检察官等多个维度，由系统实时地对评查数据进行深挖、研判，以实现评查工作效益的最大化。

（四）完善评查激励考核机制

1. 建立评查员能力考核机制。坚持监督与激励、定性与定量相结合，引入对评查工作的质量和效果评价进行打分的考核方式，制

---

① 严中良、王海燕、陈锐琪：《案件评查数据的深度激活与全流程应用》，载《人民检察》2023 年第 17 期。

② 上海市宝山区人民检察院、华东政法大学刑事法学院联合课题组、杨永勤、吴羽：《检察机关案件质量评查方法及其智能化发展》，载《中国检察官》2023 年第 7 期。

定量化考核评分细则，考核内容可以包括评查报告的质量、发现问题的准确性和深度、提出建议的合理性和可行性、评查效果发挥等。通过对考核结果的分析、比较给予分值评价，对考核过程中发现评查员不足之处，为其提供针对性的改进建议和培训机会，进一步提升评查队伍的专业水平。对于责任心欠缺、履职不当等违背检察权运行规律等司法不规范行为，探索构建检察官惩戒委员会审议前置机制，推动检察官惩戒与检察官业绩考评、职务职级晋升、退出员额等机制联系贯通，压紧压实司法责任。

2. 建立评查结果的激励机制。案件质量评查的目的在于运用评查结果来“纠错、防错、评优”，并激励检察人员高质效办好每一个案件。对于案件质量评查过程中发现的优质案例、示范文书和典型性、代表性问题，通过常态化的评查典型评选和优秀评查报告评比活动，主动展示和讲评，实现以“点”带“面”，充分发挥个案评查的典型作用、评优的重要评价参考作用，激励评查员不断提高自身素质与工作积极性。

（五）融入跨学科知识

1. 心理学知识的应用。在高压的办案环境中，办案人员可能会受到首因效应、近因效应等认知偏差和情绪的影响，对案件的处理和评查工作认识产生消极心理认知倾向。通过引入心理学的方法和理论，对办案人员的决策过程和心理因素进行深入分析，以提高其对评查工作的认可度。通过研究办案人员的认知偏差和心理压力，制定相应的培训和干预措施，让办案人员了解这些认知偏差，并学会在工作中避免。面对办案人员在收到评查确认通知时可能会出现焦虑、疲劳、逆反等心理问题，影响其对评查工作的判断和决策时，评查员在前期更要以“如我办案”的意识，给予办案人员充分的理解和关怀，同时运用心理学的压力管理和情绪调节方法，与办案人员沟通时提供良好的心理支持，有助于他们改善工作状态，作出更理性、公正的整改决策。

2. 社会学知识的融入。运用社会学的研究方法和视角，对案件所涉及的社会背景、舆论影响等进行综合考量，使评查结果更具社会适应性。比如，在评查涉及民生领域的案件时，不仅要关注个案办理公正，还要充分考虑案件处理对社会稳定和社会和谐的影响，以及类案对社会治理的指引作用。对于一起涉及劳动纠纷的案件，不仅要关注法律条文的适用和双方的权利义务，还要从社会学的角度分析案件背后的社会结构、劳动关系模式以及可能引发的社会舆论和群体反应。如果简单地按照法律条文作出评查决定，而不考虑案件对社会稳定和劳动关系和谐的潜在影响，可能会引发办案人员更多的逆反心理。

四、 案件质量评查实质化的展望

（一） 案件质量评查实质化的发展方向

1. 深化跨学科知识融合的应用。未来的研究可以进一步深化跨学科知识融合的应用，探索更多领域的知识与评查工作的结合点。比如，随着云计算、区块链、物联网等技术的飞速发展，可探索区块链技术在证据保全和评查数据安全方面的应用、挖掘云计算在数据统计和分析方面的优势、研究虚拟现实技术在模拟案件场景和辅助评查人员进行判断方面的潜力等。运用管理学和经济学的理论和方法，优化评查工作的流程和组织架构，评估不同评查策略和改进措施的投入产出比，以实现资源的最优配置等。

2. 评查规范体系的再完善。最高检案管办主任申国军认为，未来，案件质量评查工作的发展必然走向组织机构专门化、评审案件全面化、评查频次常态化、评查程序规范化、评定等次标准化、评查队伍专业化、评查手段智能化、结果运用考核化。① 案件质量评

---

① 申国军：《检察机关案件质量评查的价值目标与组织开展》，载《人民检察》2021 年第 6 期。

查工作要实现上述“八化”，有赖于形成一套行之有效的评查规范体系，包括评查组织、评查方法、评查范围、评查标准、评查内容、评查影响评估、评查结果运用等。尤其是在现有评查框架下，关注民事、行政、公益诉讼、控告申诉等类案件的评查标准的制定；对纳入重点评查范围的案件须再细化，如新类型、新手段犯罪层出不穷，应随着实践的发展，通过“重大”“影响”“作案手段”等标签对“重大疑难复杂案件”进一步细化认定标准，既保证部分重点案件应评尽评，又避免所有案件纳入评查导致评查工作泛化。

（二）案件质量评查工作的价值展望

1. 从个案质量评价到类案规范指引。案件质量评查的目的是对案件办理过程中存在的程序问题和实体问题进行纠正，警示案件承办人避免类似错误的再次出现，同时挖掘优秀案件，给予正向激励。通过将零散的个案评查问题转变为规范的类案指引，将案件质量的监管延伸至案件质量的服务参谋，有效服务于领导参考决策，将是司法责任制改革背景下案件质量评查工作的重要着力点。

2. 从服务高质效的案件办理到服务高水平的社会治理。案件质量评查是检察机关实现内部监督、完善检察权监督与制约的重要方式，未来也必将发挥其在服务高质效案件办理方面的作用，分析挖掘产生问题的根源性工作瑕疵或制度问题，在摸准问题脉搏的前提下，加强对评查结果应用的跟踪研究，分析评查结果对检察机关内部管理、司法改革政策制定、社会法治环境建设等方面的长期影响和作用机制，不断完善检察机关参与社会治理的方式、方法，丰富为大局服务、为人民司法的检察实践。

案件管理部门“枢纽”职能定位研究

李学雷　夏芸帆　朱蒙佳*

目　次

* 李学雷，江苏省苏州市吴江区人民检察院检察委员会专职委员、一级检察官；夏芸帆，江苏省苏州市吴江区人民检察院第六检察部副主任、一级检察官；朱蒙佳，江苏省苏州市吴江区人民检察院第六检察部五级检察官助理。

四、检察业务管理现代化背景下案件管理部门“枢纽”定位的实现路径

（一）有力服务宏观管理

（二）做好专门管理

（三）督促自我管理

（四）做实协同管理

准确把握案件管理部门是检察业务管理枢纽的职能定位，对于促进高质效办好每一个案件、推动一体抓好“三个管理”、加强检察权规范高效运行、明确检察业务管理职责边界具有重要意义。实践中，案件管理部门检察业务管理枢纽的职能作用尚未充分发挥，存在服务检察长、检委会宏观管理决策不够有力，个案监管职能履行不够充分，与其他部门管理融合、对接不足等问题。对此，案件管理部门要准确把握自身在检察业务管理体系中的职能定位，通过有力服务宏观管理、做好专门管理、督促自我管理、做实协同管理等举措落实好最高检“三个管理”要求，发挥上下协调、左右联络的作用，高质效履行“枢纽”职责，助推检察业务管理现代化。

一、案件管理部门“枢纽”定位的发展脉络

“枢纽”一词，在不同语境和领域中有着不同的含义。比如，在交通领域，通常指的是一个交通网络中的核心节点，起到集散和中转的作用。又如，在经济领域，一个地区或者城市作为经济活动的集中地，它通过贸易、金融和其他经济活动将不同地区或国家连接起来，这就是经济枢纽。总的来说，“枢纽”代表着核心连接点，是促进流动、交流和合作的关键因素。从检察机关案件管理部门的职能和运行方式来看，非常契合枢纽的释义，通过业务数据分析研

判服务检察长、检察委员会，为院领导科学决策提供支撑，依托流程监控、质量评查、数据管理等职能开展个案监管，确保业务部门案件办理质量，在履行律师接待、案件受理、案件信息查询等服务职能时与律师、公安机关、人民群众等主体对接交流，在整个检察机关业务管理体系运转中起着关键作用。

（一）“枢纽”定位的萌芽

2011年，最高人民检察院正式设立了案件管理办公室。2012年印发的《最高人民检察院案件管理暂行办法》规定，最高人民检察院案件管理办公室是专门负责案件管理的综合性业务部门，主要承担案件管理、监督、服务、参谋职责。履行案件受理、流程监控、案件质量评查、律师接待等职能，对案件实行统一进出口，实现案件集中管理，强化检察机关内部监督制约。各地案件管理机制改革的深入推进，进一步理顺了案件管理的职能，经过一段时间的探索，案件管理部门在案件管理体系中的作用逐渐凸显。2014年，全国检察机关第一次案件管理工作会议提出，全面构建在检察长和检委会领导下，以办案部门和办案人员自我管理为基础，以案件集中管理为枢纽，以纪检监察、政工人事等部门综合管理为支撑的案件管理立体格局，实现对司法办案活动的有效管理和监督。“枢纽”的概念初次在案件管理的相关文件中出现。

（二）“枢纽”定位的正式确立

“枢纽”概念提出后，案件管理部门的履职重点开始逐步调整，不同于设立之初的以事务性工作为重点，而是转变为将案件监管和业务分析作为主责主业，案件管理部门的职能定位逐渐明晰。2018年，最高检案件管理办公室工作要点中提出，坚持以监督管理为主线，聚焦案件管理主责主业，突出业务监管和业务分析工作重点，充分发挥业务管理枢纽作用。

可以说，案件管理部门业务监管"枢纽"职能定位的确立，与部门自身职能的履行有很大关系。2018年《最高人民检察院业务数据分析研判会商工作办法》出台，标志着业务数据分析研判会商机制的正式建立，而这也成为案件管理部门服务领导决策、指导业务工作的一项不可或缺的职能。随着业务数据分析研判职能的凸显，案件管理部门在检察机关业务监管体系下"枢纽"的作用更加明显。2019年，最高检案件管理办公室工作要点中提出，坚持业务监管枢纽部门职能定位，以强化业务数据分析研判为引领，以探索建立健全适应内设机构改革后新办案模式的监管机制为重点。案件管理部门"枢纽"职能定位首次在文件上出现，对于引领新时代案管工作高质量发展起到了重要作用。

（三）"枢纽"定位的发展

2021年，全国检察机关第二次案件管理工作会议指出，把握案件管理部门作为检察业务工作中枢的职能定位，突出监督管理和服务保障两大主责主业，案件管理部门的职能定位发生了一定转变，更加强调主动作为，体现为引领、主导、统筹作用。① 2024年1月，最高检印发《关于加快推进新时代检察业务管理现代化的意见》（以下简称《意见》），指出要以"高质效办好每一个案件"为基本价值追求，以检察业务管理现代化为主线，构建全员参与、权责明晰、系统完备、规范高效的检察业务管理新格局。着力构建以检察长和检察委员会宏观管理为统领、办案部门自我管理为基础、案件管理部门专门管理为枢纽、相关部门协同管理为保障的全方位、立体化的检察业务管理组织体系。同时指出，案件管理部门是检察业

① 申国军：《案件管理专题研究十八篇》，中国检察出版社2023年版，第21页。

务管理的专门机构，承担综合协调、统筹管理、监督落实的职责，位于检察业务管理体系的枢纽地位。《意见》将案件管理部门的定位再次回归到“枢纽”上，那么，在当前，笔者认为，“业务管理枢纽”这样的表述，是对案件管理部门职能定位的进一步升华，与此前提出的业务监管枢纽还是有所不同的。一方面，在管理体系升级的背景下提出业务管理枢纽定位，业务管理的主体不再局限于案件管理部门，而是全院、全员的共同责任，着眼于检察工作全局，案件管理部门要在整个检察业务管理体系中发挥上下联络、左右贯通各方的作用，以促进检察工作顺畅、规范、高效运转。另一方面，在推进检察业务管理理念、体系、机制、能力现代化的进程中，案件管理部门作为其中关键主体之一，必然也要加快自身现代化进程，业务管理枢纽的这个定位无疑是给案件管理部门推进自身现代化建设创造了契机，通过管理理念、工作方式方法的更新，发挥其在业务指导、管控、评价、外部监督等方面的作用，以业务管理现代化助推检察工作现代化。

二、检察业务管理现代化背景下案件管理部门“枢纽”定位研究的价值探讨

（一）促进高质效办好每一个案件的有力抓手

“高质效办好每一个案件”是检察机关深入贯彻落实习近平法治思想的检察实践，是对“努力让人民群众在每一个司法案件中感受到公平正义”这一目标要求的具体回应，将检察办案质量、效率、效果有机统一于公平正义，成为新时代新征程检察履职办案的基本价值追求。应勇检察长强调，案件管理是检察管理的一个重要组成部分，是确保高质效办好每一个案件的重要抓手，关键要科学、有效。办案的质效，既要向案件办理要，也要向案件管理要。

在这一系列新的要求和指示下，案件管理在内涵和外延上有了新的含义，高质效办好每一个案件是案件管理的目标归宿，而案件管理部门是检察业务管理枢纽这个职能定位作用的充分发挥，也要围绕这个目标具体展开，努力成为推动目标实现的有力抓手。

（二）加强检察权规范、高效运行的重要保障

新时代背景下，人民群众对严格公正司法的要求更高，而在司法体制改革深入推进过程中，检察官自由裁量权进一步扩大，如何保障检察权在法律规定的范围内规范运行，放权但不越权，加强对检察权运行的监督制约，实现司法公平正义，也是人民群众对美好生活向往的内在要求。《意见》指出，检察业务管理是强化对检察权运行的监督制约，全面落实司法责任制，推动检察权公正、规范、高效、廉洁运行的重要保障机制。通过对检察业务宏观管理、个案管理，推动检察业务整体向前，有效提升个案办理质效。不管是宏观管理还是个案监管，都缺少不了案件管理部门的职能履行，而“枢纽”既能在宏观管理上发现检察权运行的整体性、个性化问题，也能针对个案办理进行过程管理、结果评价。在这样的背景下对案件管理部门“枢纽”定位进行研究，能够促进案件管理部门在加强检察权规范运行上发挥独特作用。

（三）明确检察业务管理职责边界的必然要求

检察业务管理不是案件管理部门一家的事，是检察机关全院、全员的共同责任。这里的主体包括检察长、检察委员会、业务部门、检察官、案件管理部门、政工人事部门、检务督察部门等。但当前实践中，存在业务管理职能边界不够明晰的情况，有的人只看到案件管理部门作为业务管理专门机构的职责，将业务管理责任全部由案件管理部门承担，弱化业务部门、检察官的自我管理责任。

比如，案件流程监控是确保办案程序公正的重要保障，但实践中，办案部门、检察官更多依托案件管理部门监控，缺乏自身事前、事中对案件程序规范的管理，而程序规范的第一道关卡应当是由承办检察官把控的。在当前司法责任落实不够全面、职责边界不够明晰的情况下，对案件管理部门的职能定位进行细化研究实有必要。作为“检察业务管理枢纽”，案管部门在整个检察业务管理体系中履行哪些职能，在哪些方面处于主体地位，在哪些方面处于辅助地位，又在哪些方面需要衔接协调各个主体，只有进一步明确这些问题才能积极发挥其作用，从而加强检察业务管理。

三、当前案件管理部门在发挥“枢纽”作用上存在的不足

（一）服务检察长和检察委员会决策层面不够有力

案件管理部门掌握着全量检察业务数据，通过对检察业务数据变化的专门分析，研判业务数据背后反映的检察业务工作运行状况，着重发现倾向性、典型性、异常性问题及其原因，提出相应解决意见和建议，从而对内发挥业务监管、指导作用，对外发挥法律监督、社会引领作用。① 这是案件管理部门发挥检察业务管理枢纽作用的职能之一，是与本院检察长、检察委员会联系，服务科学决策、指导业务开展的重要职能。依托该项职能，也能将院领导的要求部署传达至办案部门、一线检察官，进一步推动落实。但在实践中，业务数据分析研判存在不深入、表面化，数据不准确，成果转化滞后，结果运用不充分等问题，影响决策的科学性和合理性。长此以往，就会不断虚化业务数据分析研判的效果，弱化案件管理部

① 中国军：《案件管理专题研究十八篇》，中国检察出版社2023年版，第65页。

门在这方面的作用，枢纽作用的发挥就缺少了上连上级检察机关、本院检察长、检察委员会一环。

（二）个案监管职能履行不够充分

《意见》指出，加强个案管理，通过个案过程管理、结果评判，强化业务办理与管理并重……有效提升个案办理质效。枢纽的定位，不仅强调案件管理部门上下协调、左右联络的作用，也强调其在业务管理体系中的重要性和核心角色，那么案件管理部门自身的核心监管业务必须做大做强，才能辐射和带动其他部门共同加强检察业务管理。监督和服务是案件管理部门的两项职能，个案监管是案件管理部门的立身之本，也是充分彰显“业务管理枢纽”定位的关键。通过对案件进行实体监督、程序监督和数据监督来确保案件办理实体公正、程序规范、效果良好，主要通过履行流程监控、质量评查、数据监管等职能实现。另外，新增的人民监督员工作，是强化案件办理外部监督的重要方式。但是在实践中，上述职能的履行还存在不足之处。比如，流程监控尚未实现全流程监管、存在形式监控问题，案件质量评查覆盖面不全、结果运用不充分，数据填录中错填、漏填、虚填、迟填等问题多发，对人民监督员工作的重视程度不够，等等。各项监管职能的履职不充分，导致距离以高质效管好每一个案件促进高质效办好每一个案件的目标还有一定差距。

（三）融合、对接其他部门管理存在不足

个案监管、宏观管理的结果要最终落实到办案部门业务质效的提升上，才能真正实现管理的目的。案件管理部门作为检察业务管理专门机构，其履职重点在于查找问题、分析趋势、研提对策上，要将监管、研判结果与业务部门、检务督察部门等部门的职能融合、对接，才能更好发挥改进工作的作用。《意见》指出，案件管理部门充分发挥枢纽作用，要融合业务部门的管理，对接其他部门管理，促进管理与指导结合、放权与管权结合、管案与管人相衔接，推动检察业务管理一体化运行。但实践中，业务部门、案件管理部门、其他管理部门对检察业务的管理不乏各自为政的现象。以案件评查为例，案件管理部门已经开展评查的案件，检务督察部门重新开展评查，而业务部门也会开展自身业务条线上的评查，一件案件被多个部门反复评查，各自的评查结果也仅用于本部门、本条线的考核。在这样的监管模式下，案件管理部门的案件评查结果能否起到提升办案质效的效果，也是存疑的；部门间的融合、衔接不足，影响案件监管效果，也浪费司法资源。再以流程监控为例，实践中，流程监控主要的参与主体仅是案件管理部门、承办检察官，业务部门在案件程序监管中自我管理履职不到位，而案件管理部门与业务部门的衔接、反馈也存在不足，主要表现为业务部门在监控问题的“查明纠正”上未能有效参与。以现有的流程监控子系统来说，监管员在系统内发送流程监控通知书，其接收对象是检察官，仅抄送部门负责人、报送检察长，这两种角色仅有查看文书的职能，无法在系统内进行其他操作。而流程监控工作相关规定明确，办案部门应当及时查明情况并予以纠正，两者在衔接上就出现实践与规定脱节的情况。

四、检察业务管理现代化背景下案件管理部门“枢纽”定位的实现路径

在全方位、立体化检察业务管理新格局下，最高检围绕实现“让人民群众在每一个司法案件中感受到公平正义”，提出一体抓好检察业务管理、案件管理、质量管理，本质上是对检察管理的内容做了进一步细分。案管部门作为管理主体之一，应当牢牢抓住“检

察业务管理枢纽”这个职能定位，进一步把握目标导向，抓好监管重点，延伸监管视角，以落实好“三个管理”的要求，助推检察业务管理现代化。

（一）有力服务宏观管理

业务数据分析研判会商是精准指导检察业务纠偏、提升、发展的重要机制。当前，这项工作存在一些突出问题，导致在服务领导决策、指导改进工作方面的作用还没有完全凸显出来。本文认为主要的原因，一方面是各级检察机关对数据分析研判的认识存在不足，案件管理部门与业务部门之间缺乏协作，懂业务的人员不懂数据，懂数据的人员不懂业务，案件管理部门“闭门造车”，没有结合办案实际开展分析，导致业务数据分析报告的实用性不足，转化为指导工作成效上乏力。另一方面是数据采集不全、效率不高。随着业务数据分析研判会商机制的形成，以及最高检对这项工作的高度重视，数据分析的需求越来越多，分析的领域也越来越广，当前数据分析研判的基础数据还是依托全国检察业务应用系统统计系统2.0，通过案卡填录来进行数据采集，但这类数据采集范围毕竟有限，难以反映检察业务工作全貌，当数据分析的需求更高更细的时候，就需要人工统计的介入，那么难度增加且准确性不足。比如，当前统计系统2.0可以统计盗窃案件的办理数据，但进一步细化到盗窃案件的发生时间、地点、手段、受害者的情况等，就需要数据统计员人工查看文书内容，基础数据统计工作量就很大，也就是当前的统计系统已无法满足日常数据分析更高的需求。

为做实业务数据分析研判，充分发挥其功能作用，笔者认为可以从两方面发力：一方面，加强案件管理部门与业务部门、其他部门的协作。动态组建包含统计员、分析员、业务部门骨干、部门主任在内的专业化研判团队，集合案件管理部门数据归集和业务部门业务指导的优势，以数据为抓手，注重发现办案中倾向性、典型性、异常性问题，把握业务工作态势，提出改进工作建议。结合综合分析、专项分析需求，动态组建专业领域优秀骨干形成分析团队，研究数据背后的业务发展态势、问题出现的原因，挑选合适的案例，借用案例的典型性和说服力，做到数据分析“四个有”，即有观点、有数据支撑、有典型案例、有原因分析，贴合检察业务工作实际，精准指导业务发展。另一方面，加快推进数据采集的智能软件研发。借助人工智能科技手段，在运用OCR技术识别文书内容的基础上，增加搜索功能，全面搜索数据分析所需素材。探索加入RAG检索增强技术，通过检索模型从数据库中找到分析所需的文本片段或者文档，初步生成分析模板，增加分析数据的精准性，提高分析效率。

（二）做好专门管理

1. 实质化开展流程监控。流程监控是实现办案程序公正的重要保障，也是案件管理部门履行个案微观监管职能的举措之一。结合实践中流程监控职能运行疲软的问题，在检察业务管理现代化背景下，案件管理部门要进一步加强对案件受理、分流、审查、办结各个环节、全流程管控，及时纠正办案程序违法问题，避免程序不转、空转、倒转。笔者认为，案件管理部门在对案件全流程监控的基础上，要突出流程监控在案件监管上的指引作用，在事前提醒、事中预警、事后监督上，更加关注事前、事中的规则指引，减少程序违法情形的发生，助推办案程序规范。重点监督影响案件实体处理、涉及当事人权利保障等方面的问题监控，推动流程监控向实质化监控转变。通过加快流程监控智能化软件研发，进一步完善全国检察业务应用系统流程监控软件，将“四大检察”流程监控规则纳入监控范围，分期限、分级触发个案的待办事项，提醒案件承办人在期限内完成，做到“四大检察”全覆盖。

2. 案件化开展质量评查。《意见》指出，要深化案件质量评查工作。相较于业务数据统计分析对案件质量的宏观管理，案件质量评查是对个案质量的微观评价，是加强检察业务管理的重要抓手。案件管理部门要牢牢抓住“质量是司法办案的生命线”这个“牛鼻子”，在检察长的领导下，统筹组织实施案件质量评查工作。结合当前案件质量评查工作开展存在评查标准不统一、程序不规范、评查专业性不足等现实问题，笔者认为，要加强对案件质量监督管理，提升案件质量评查的工作效能，可以从以下三方面入手：一是完善评查工作的制度机制。进一步细化评查标准，明确优质、合格、瑕疵、不合格案件认定标准。最高检规定的评查标准是明确的，不具体的应是操作层面的评查标准。① 可以根据近些年案件评查实际情况，梳理出评查认定的问题，根据评查人员对问题的具体表述，分类汇总出具体的扣分项目，规范描述后作为扣分子项。比如，将未在法定期限内做出处理决定问题，作为“办案程序”问题子扣分项，同时明确扣分分值，制定详细的评查细则，统一各类案件的评查标准，促进规范运用评查职权。在评查标准制定完善过程中充分征求业务部门意见建议，针对长期以来存在争议的问题共同研究讨论后形成统一标准。二是探索案件评查办案化。评查办案化更强调的是案件管理部门自身履职的规范性，而规范化是管理的生命。那么评查办案化是什么样的模式，笔者认为可以参考一般诉讼案件的几大要素：案件事实、定案证据、法律依据、法定程序、办案主体、诉讼档案等，那么案件评查的办案化也应当具备下列要素：评查主体、评查程序、评查认定的案件事实、评查认定问题的证据、法律依据以及评查形成的文书档案等，通过形成案件化办理

① 中国军：《案件管理实务精要十二讲》，中国检察出版社 2023 年版，第 159 页。

这样一种规范的模式，推动这项工作整体的高效运行。三是加强评查队伍建设，提升业务能力。运用好专题培训、案管小课堂，通过文件解读、案例讲解等多种方式，将评查相关的文件、业务规范融入培训、小课堂之中，拓宽评查人员学习深度广度，帮助其提升业务知识水平。在质量评查工作开展中，评查人员可通过自主学习、“以评促学”、参加检察官联席会议等方式，学习掌握业务规范。注重案件管理部门年轻干警培养，通过轮岗锻炼、岗位练兵、上讲台等形式，不断提高业务素能。

3. 常态化开展数据管理。检察业务数据是检察机关司法办案的重要组成部分，是作出业务决策、开展业务指导的重要参考。最高检领导强调“把数据搞准是案管办的第一要务”“数据不准，分析研判就是沙上之塔”。这说明了业务数据准确的重要性，以及案件管理部门在这项工作上承担的重要职责。检察业务管理现代化，必然包括业务数据管理的现代化。《检察业务数据管理办法》指出，各级人民检察院案件管理部门是检察业务数据的主管部门。应当对检察业务数据进行日常审核、每年开展专项检查督查，并通过流程监控、案件质量评查等活动，及时对检察业务数据质量进行审核、检查、监督，以确保案件信息的准确、及时、完整、规范。但实践中，数据的迟填、乱填、漏填、错填现象仍然多发，数据冲动、数据注水等数据质量问题依旧存在。常态化的数据监管要有完善的机制支撑，才能达到高质效监管的目的。一是完善管理机制，压实数据填录主体、监管主体责任。树立数据填录就是办案的理念，将业务数据质量作为办案质量评价的一部分，压实办案部门、承办检察官数据填录的主体责任。案件管理部门要进一步常态化开展业务数据审核、通报，将监管成效作为案件管理部门履职质效评价的重要内容。另外，强化部门之间的沟通协作，畅通数据核查、整改、反馈渠道，共同研究数据填录、监管中的难点、分歧点，以一体化履职增强数据管理合力。二是智慧软件赋能数据管理。聚焦数据采集的自动化和数据核查的智能化，加快升级案卡自动回填功能，通过对文书内容的智能识别，自动衔接相应案卡，形成业务数据，减少人工干预，提高填录的规范性和准确性。强化信息化系统应用，通过智能核查与人工审核相结合，不断提高数据核查的全面性和准确率。目前，最高检案管办研发了“数检通”智能数据核查软件，有效提升了数据监管的准确性和效率，是数字案管赋能检察业务管理的实践探索。在此基础上，仍要去不断嵌入新的核查规则，全面深化监管模式、监管场景和监管规则，实现跨案卡、跨流程、跨单位的全景式、深入式数据对比，全面提升检察业务数据监管工作的质量、效率和效果,[①] 动态适应新的业务管理需求。

（三）督促自我管理

1. 督促层层落实管理责任。督促办案部门负责人压实自我管理责任，协助、配合案件管理部门开展案件流程监控、数据管理、质量评查等工作，及时督促解决检察业务工作中存在的相关问题。督促检察官压实自我管理责任，合理安排办案进度，规范使用检察业务应用系统办理案件，严格按照检察官职权清单行使职权作出决定。

2. 深化专门管理结果运用。结果运用不仅体现在与检察官绩效考核、司法责任制追究上的顺畅衔接，也可以体现在指引办案规范上。梳理汇总流程监控、质量评查、数据分析过程中发现的常见多发问题，及时向办案部门和检察官反馈，指导协助办案部门健全规范办案长效机制，提升司法办案规范化水平。针对数据分析中发现

① 卞叶：《把握四要素优化检察业务数据监管》，载《检察日报》2022年2月16日第3版。

的工作发展不平衡、业务数据异常等情况，及时会同业务部门进行会商研判，提出监督意见建议，促进检察业务平衡发展，遏制数据冲动，避免“数据注水”等问题。在案件评查中，常态化发布正反面案例，监督指导检察人员依法规范办案。

3. 规范监督线索流转管理。2022 年 5 月，《人民检察院内部移送法律监督线索工作规定》以及相关实施细则的出台，以案件管理部门为“轴心”的内部法律监督线索移送工作新机制得以建立。①为了进一步规范线索管理，畅通线索移送渠道，提升法律监督线索成案率，案件管理部门可以将监督和服务职能有效贯穿于法律监督线索管理的各环节，从以下三方面持续发力：一是以全国检察业务应用系统 2.0 为基础全面实现线索移送线上化。规范系统操作、案卡填录，促进法律监督线索移送工作更加规范高效、数据统计更加精准便利。二是以“三大监管”为抓手，开展全流程线索移送管理。以数据监管为抓手切实保障内部线索移送办理数据精准无缺，以程序监管为抓手切实保障线索移送、办理、反馈等程序规范有序，以实体监管为抓手对线索成案、监督质效开展检查、评定，通过“三大监管”评价、反哺办案质量，不断提高检察一体化协同监督水平。三是健全完善考核评价机制。将线索发现、移送办理、成案情况以及办理质效等内容纳入检察官业绩考评，对成效明显、业绩突出的部门和个人在评优评先中作为参考因素。同时，明确对于应发现未发现、应移送未移送、怠于办理等情形，在考核中予以扣分，造成不良影响或严重后果的，依纪依规追究相关人员、部门责任。

① 高原：《法律监督线索的集中统一管理工作机制研究》，载《检察业务管理指导与参考》（2023 年第 6 辑），中国检察出版社 2023 年版。

（四）做实协同管理

在推进新时代检察业务管理现代化过程中，既需要检察长、检委会的宏观管理、业务部门的自我管理、案件管理部门的专门管理，也离不开检务督察等部门的协同管理。而体现案件管理部门枢纽地位的重要一环就是与其他管理部门的衔接上，通过职能融合形成管理合力。案件管理部门在协助做实协同管理上，要坚持管案与管人相结合，全面落实司法责任，将案件监管结果与司法责任追究、惩戒、干部选拔、评优评先相结合，促进检察业务管理与干部管理衔接互动、协调运转。

具体可以从以下三方面发力：一是主动衔接，建立双向移送机制。案件管理部门主动将开展流程监控、质量评查、业务数据分析等监督管理工作中形成的文书报告、工作通报、书面监督纠正意见等抄送检务督察部门，切实打通部门衔接和线索移送的“最后一公里”。对于检务督察部门抄送的不规范办案问题，案件管理部门主动对接，及时监管，督促整改。另外，主动衔接政工部门，将管理结果与检察官绩效考核相挂钩，提升监督刚性效力。二是嵌入式衔接，联合开展专项督察检查。案件管理部门在开展业务数据核查、案件质量评查、涉案款物专项检查等案件监管工作时，邀请检务督察部门参与配合，线索同步移送；检务督察部门开展政治督察、执法督察等活动时，案件管理部门积极配合数据查询，参与专项督察检查，同步监督整改。三是无缝衔接，定期会商衔接工作情况。定期与检务督察部门召开联席会议，就协作配合、信息互通、线索移送、责任追究、整改落实等工作进行协商，季度会商、月度通报、实时联络，共同研究解决司法办案内部监督工作中的难点问题，以一体化履职增强内部监督合力。

基层检察机关听证工作现代化完善路径研究

徐蔚敏　李　乐　茆文秀*

目　次

* 徐蔚敏，江苏省淮安经济技术开发区人民检察院党组书记、检察长；李乐，江苏省淮安市人民检察院案件管理部副主任、一级检察官；茆文秀，江苏省淮安经济技术开发区人民检察院第四检察部副主任。

（二）管好两类听证员库

（三）厘清四种听证方式

（四）规范听证四大流程

（五）做好全流程智能运用

党的二十大报告将发展全过程人民民主确定为中国式现代化本质要求的一项重要内容。检察听证作为检察机关完善外部监督的务实举措，是落实全过程人民民主要求的重要载体。经过二十多年的发展，检察听证制度逐步健全，听证工作已经覆盖“四大检察”。但实践中，适用听证程序案件类型单一、听证程序形式化等问题成为制约检察听证制度优越性充分发挥的重要因素。检察机关可以从听证体系、机制等方面探索优化检察听证工作的具体路径，推动实现检察听证工作现代化，从而推动实现高质效办案的检察目标。

一、我国检察听证制度的发展历程

检察听证制度脱胎于听证制度，我国听证最先出现于行政听证、立法听证，逐步扩展到司法听证。在司法听证方面，又分为立案听证、审查逮捕听证、羁押必要性审查听证、拟不起诉听证、量刑听证、减刑假释听证、申诉复查听证、刑事赔偿听证等，近年来发展较快、赢得较大社会影响的是检察听证。① 我国检察听证制度的发展大致可分为三个阶段：

（一）萌芽阶段（1999 年至 2000 年）

1999 年 5 月，最高人民检察院出台《人民检察院办理民事行政

① 申国军：《中国检察特色听证制度理论与实务研究》，载《人民检察》2023 年第 7 期。

抗诉案件公开审查程序试行规则》。此时，检察听证的名称未正式出现，但“公开审查”作为其雏形已经出现在最高检的正式文件中。2000 年 5 月，最高人民检察院制定《人民检察院刑事申诉案件公开审查程序规定（试行）》，明确刑事申诉案件的公开审查主要以听证会形式进行。可见，检察机关运用听证程序最早的目的是用于矛盾化解，主要原因是当时有些案件穷尽司法程序仍不能让当事人满意，不断上访、重复申诉问题突出，刑事申诉案件难办理、难息诉、难结案。检察机关为解决信访突出问题，创新提出申诉案件的公开审查以听证形式开展，旨在通过引入外部力量化解矛盾。

（二）缓慢发展阶段（2001 年至 2019 年）

在这十余年间，检察听证仅作为一种推动信访矛盾及时化解的群众工作方法。其间出台的有关检察听证制度方面的文件，只有最高人民检察院于 2012 年至 2013 年发布的《人民检察院刑事申诉案件公开审查程序规定》和《人民检察院民事诉讼监督规则（试行)》。检察机关在实施听证制度推动矛盾纠纷化解的过程中，逐步意识到听证在强化外部监督、解决案件实体问题等方面作用发挥的可能性。

（三）快速发展阶段（2020 年至今）

2020 年 1 月，最高人民检察院在全国检察长会议上部署检察听证工作。在深入调查研究、广泛征求意见的基础上，2020 年 10 月，最高人民检察院正式印发《人民检察院审查案件听证工作规定》（以下简称《听证规定》）。此后，检察机关各业务条线相继出台细化规定，包括拟不起诉案件、羁押必要性审查案件、民事诉讼监督案件、行政诉讼监督案件、公益诉讼案件等。在这一阶段，检察听证制度迅速覆盖“四大检察”，且功能不再局限于矛盾纠纷化解，还包括接受外部监督以及帮助解决案件实体问题。相配套的听证员库建设管理指导意见、听证室设置规范等也相继以正式文件形式发布。

二、 检察听证制度运行现状实例

检察听证相关文件的出台不断优化完善了检察听证制度体系。据不完全统计，自2020年以来，最高人民检察院及其内设部门相继出台的与检察听证相关的正式文件有10份，这还不包括各类以提示形式下发的非正式文件以及各省级检察机关出台的细化规定。面对最高人民检察院的高度重视和紧密部署，以及提出的“应听证尽听证”要求，各级检察机关听证数量大幅增长的同时，也暴露出一些问题。以J省2023年的检察听证案件数据为分析样本，主要表现在以下方面：

（一）适用听证程序的案件类型不均衡

以J省为例，2023年全年开展听证活动7000余件次，其中拟不起诉案件听证约4500件次，占比接近65%；其余案件类型中，虽涉及行政公益诉讼案件、民事公益诉讼案件、行政诉讼监督案件、民事诉讼监督案件、刑事申诉案件以及其他类型案件，但总量不超过36%。数据反映，听证工作主要集中在刑事案件中的拟不起诉案件上，各类案件听证工作发展不够均衡。

（二）被邀请人员的身份类型较为单一

2023年，J省检察听证案件共邀请人民监督员约6100人，占邀请参与听证人员的绝大多数，另外邀请人大代表、政协委员、人民调解员、特约检察员、专家咨询员整体人数相对较少。邀请人民监督员参加听证，客观上与人民监督员考核存在直接关联。参与听证的也都是在当地具有一定身份地位的人，普通老百姓基本较少，使得听证员的身份组成略显单一。由于系统中邀请人员身份无“听证员”项，导致无法直接得知听证员库具体使用情况。

（三）存在形式听证问题

从数据来看，听证员同意检察机关意见的占绝大多数，听证员不同意检察机关意见最终被采纳的少之又少。有的听证员听证前不掌握案件基本情况，对需要听证的问题缺乏了解或者研究，仅根据会上听到的内容难以发表实质性意见或者提出专业意见；有的案件在提交检委会讨论后，对案件已有处理意见情况下再组织听证；有的听证员没有经过正规流程培训，也无动态考核管理机制，现场发表意见多数简单同意检察机关处理意见。上述情形导致形式听证、走过场听证问题，影响听证实质效果。

三、检察听证制度运行面临困境的原因分析

上述问题反映出检察听证制度在实践中一定程度上存在上热下冷的情况，影响该制度功能的充分发挥，究其原因主要存在以下几个方面：

（一）各项细化规定之间的兼容性不强

最高人民检察院各业务部门出台的细化规定基本在《听证规定》出台之后，且大体上未偏离《听证规定》要求。《听证规定》内容较为原则，为各类型听证案件程序的设置预留了空间。客观来说，各业务条线出台的规定存在时间差，随着检察工作的发展和办案理念的更新，后出台的规定势必会在一些细节设置上优于早期出台的文件，这就会造成两份正在生效的制度文件在听证程序设置上

存在较大差异。

如2021年12月出台的《民事检察部门诉讼监督案件听证工作指引（试行）》对“代表参加”作出明确规定：申请人一方人数众多的，应当由申请人推选一至三名代表人参加听证。同时对推选程序作出细致复杂的规定。2023年出台的《人民检察院行政检察监督案件听证工作指引》对“推选代表参加”的规定则灵活得多，规定：当事人一方人数众多的案件，可以商请当事人推选代表人参加听证会，代表人的人数可根据案件具体情况、场地等因素协商确定。该规定给予检察官及当事人更多的选择权，更利于实施。两份文件对“代表参加”作出前后不一致的要求，客观上容易让检察官产生混淆，增加实际操作的难度。

（二）听证员的选取和管理不够规范

《听证规定》对听证员的条件设置较为宽松，不同于人民陪审员需要年满28周岁、高中以上文化程度的条件，听证员只需满足与案件没有利害关系，年满23周岁以及没有不得担任听证员的除外条件即可。然而，检察机关案件类型复杂多样、听证的内容、要解决的问题各不相同，有的要化解历史矛盾，有的要作出处理决定、有的要论证法律适用，还有的要协调各方合力维护公共利益，因此对于听证员的需求也各有不同。实践中，各地为了体现代表性，主要从人大代表、政协委员、人民监督员、人民调解员中选任听证员，由于没有对听证员进行分类建库，且听证员队伍人数有限，往往由负责听证工作的部门人为挑选，可能导致以下结果：一是缺乏专业性，在处理涉及特定专业知识的疑难复杂案件时，往往因为缺乏联系渠道，难以找到专业人士担任听证员。二是缺乏广泛性，对于邀请的听证员主要集中在法律领域，不利于最大限度地保障人民群众的知情权、参与权和监督权。[①] 三是缺乏随机性，人为挑选听证员不具有随机性，容易让当事人对听证的公信力产生质疑。

2022 年 1 月，最高人民检察院印发《人民检察院听证员库建设管理指导意见》，对听证员数量、类别等规定较为抽象。案件听证由各个业务部门组织，听证考核又由案管部门牵头，案管部门无法对哪些案件应当听证进行实体界定，导致引导作用发挥有限。

（三）复杂的程序设置和较高的能力要求加大听证工作难度

规范的听证会需要经检察长批准，制定听证方案、确定参加人，提前通知，听证会需要全程录音录像，会后作出决定的要向听证员告知，公开听证的要发布听证会公告，甚至还有直播要求，等等。但是检察机关的很多案件办案期限很短，审查逮捕案件仅 7 天，羁押必要性审查案件应在立案后 10 个工作日作决定，公诉案件中速裁案件仅 10 天时间，行政公益诉讼一般应当自决定立案之日起 3 个月内办结，中间需要做大量的调查核实工作。因此，在规定的办案期内组织一场规范的听证会需要耗费大量的时间和精力，客观上增加了检察官的工作压力。公开听证对检察官的控场能力、释法说理能力等提出更高要求，听证可能带来的负面影响等实际问题也造成了检察官不愿、不敢组织听证的客观现实。

四、检察听证工作现代化的实现路径

在办案过程中通过开展听证活动，让诉讼利益相关者参与进来，提供一个平等、公平、透明的平台，让当事人申辩或者表达诉求，听证员依法提出听证意见，最终检察机关居中客观公正地依法

---

① 吴春妹、许宁、张文潇：《检察公开听证的运行及完善》，载《中国检察官》2021 年第 11 期。

作出决定。①检察机关案管部门作为听证活动的组织指导者，要立足检察业务管理现代化的发展需求，为检察听证的高效运行提供优化路径，以实现检察听证程序“好用、有用、用好”的务实目标。本文认为可从以下五个方面予以着手：

（一）巧分三类听证案件

传统的检察听证案件按照业务类别进行分类，如拟不起诉案件、民事诉讼监督案件、行政公益诉讼案件等，因种类多导致检察人员实际操作时难以规范掌握。若从开展听证活动目的入手，将听证案件进行重新分类，更加便于检察官掌握以及后期流程设置，并帮助听证效果进一步显现：

1. 接受外部监督型听证。此类听证案件是指检察机关拟作出相关决定的案件，召开听证会的目的主要是听取外部监督意见，接受人民监督，体现全过程人民民主，为检察机关办案加上一把安全锁，实践中拟不起诉案件、羁押听证案件大多属于这种类型。此类案件对听证员的专业要求不高，听证员只需从一般群众朴素的正义观角度对案件发表意见即可。

2. 疑难问题论证型听证。此类听证案件在事实认定、法律适用方面存在较大争议，检察机关内部难以形成一致意见，属于疑难复杂案件，需要引入外部专业力量帮助解决案件实体问题。因此，召集听证会主要目的是听取专家学者意见，论证相关专业问题，从而帮助检察机关定案。

3. 矛盾纠纷化解型听证。此类听证案件中双方当事人存在矛盾难以调和，检察机关召开听证会，通过引入外部力量助力社会矛盾化解，达到“案结、事了、人和”的目的，如控告申诉案件大多属

① 彭玉：《认真对待检察听证》，载《检察日报》2021 年 8 月 6 日第 3 版。

于这一类型。对于此类听证案件，需要邀请具有丰富基层矛盾调解工作经验的听证员参加。

（二）管好两类听证员库

1. 以听证目的为导向分类建好听证员库。建议将听证员库分为两类，一类为普通听证员基础库，以县区级代表委员为主体，身份为人民调解员、街道工作人员等具备矛盾调解能力的听证员，需进行额外备注。另一类为专家听证员库，将原有的专家咨询委员以及县区人大代表、政协委员中各类专业人士分类入库，包括医学、教育、环保、食品药品、法学、安全生产、知识产权等领域，以市级检察机关统一建立，有利于集中全市专家力量。听证员库以基础库为主、专家库为辅，基础库采用随机抽选方式，专家库采用指定邀请方式。听证员库的人数应当结合当地案件历年的听证数量予以确定，人数不宜过多，也不宜过少。

2. 以听证目的为导向选取听证员。对于接受外部监督型听证，一般从基础听证员库中随机选取 3—5 人担任听证员；对于疑难问题论证型听证，除从基础听证员库中随机抽取 1—2 名听证员外，再根据办案部门要求，从专家听证员库中指定邀请 1—2 人担任听证员，若听证员库中的人员不能满足需求，可邀请库外专家学者作为临时听证员；对于矛盾纠纷化解型听证，可邀请人民调解员或案件所在街道工作人员参与听证，办案部门应在提出听证申请时，备注相关需求。另外，简易听证的听证员一般为 1—2 人，从听证员库或者参与信访接待的值班律师、心理咨询师等人员中确定。

3. 建立健全听证员考核和退出机制。检察机关可参考《人民陪审员培训、考核、奖惩工作办法》的规定，对听证人员组织开展岗前培训和任职培训，同时规定培训的方式和学时。检察机关每年至少组织一次听证员专题培训，就检察机关办案程序、听证相关规定及要求、听证员要求等内容对听证员进行培训，并通报优秀检察听证案例和反面案例，引导听证员充分履职。对于一年中3次及以上无故不参加听证或者不发表实质性听证意见的听证员，及时作自动退库处理，探索向听证员所在单位反馈听证员履职情况工作机制。

（三）厘清四种听证方式

除按照听证目的将听证案件进行分类外，本文认为可以根据案件特点将听证案件分为普通听证、简易听证、集中听证和上门听证四类，坚持以“普通听证为主，简易听证和上门听证为辅”“个案听证为主，集中听证为辅”的听证原则，在实际工作中根据需要选择运用。其中，集中听证需要重点强调，其作为一种创新做法有助于提升听证效率。

1. 普通听证。普通听证适用于大多数的听证个案，程序完整、规范。需要在会前做好做足准备工作，提前告知听证员案件具体情况，必要时可允许听证员提前阅卷，以便其更深入了解案情，做好发言准备，更好发挥听证员的作用。对于案件事实和证据存在较大争议的案件，由于案件属于重大、疑难、复杂案件，需要邀请专家、学者共同论证的，要留足听证前的准备时间，确保参与听证的专家学者掌握案情，明确听证焦点问题，可以配合采用直播或者新闻宣传方式扩大听证影响。

2. 简易听证。目前主要运用于信访案件，对于案件事实无争议、仅就处理结果有争议或者有社会影响，需要当面听取意见的，可以简化听证流程，减少听证员数量，可以采用一名值班律师加一名听证员的形式，不需要做太多的会前准备工作，不需要提前3日告知或发布公告，当事人亲属等可以现场申请旁听。简易听证可以实现检察听证最低成本、最大收益、最高效率、最佳效果。①

3. 集中听证。适用于同一时期同一罪名，案情简单但处理意见的尺度把握有疑虑的类案，也可以适用于相互存在关联，集中听证有利于查明案件事实、化解矛盾纠纷的刑事、民事监督或行政监督案件。集中听证应当征得当事人同意，需提前向听证员告知，程序上可较普通听证在证据开示方面适当简化。

4. 上门听证。适用于当事人行动不便、具有普法教育的案件，检察机关可以主动打通服务群众“最后一公里”，到社区、村委会、田间地头、老百姓家中组织听证，邀请基层干部、村民代表参加。一方面，可以更广泛听取群众对案件办理的意见和建议；另一方面，可以凝聚各方力量，更有利于化解案件中的矛盾，实现定分止争。

（四）规范听证四大流程

1. 完善听证启动程序。对拟召开听证活动的案件，除简易听证外，承办检察官应提前填写《听证申请表》，连同案件材料一同发送案管部门。对于办案周期较短的，至少提前一天申请，办案周期长的，至少提前 3 天申请。案管部门对听证申请进行初核，认为符合听证条件的，与承办检察官沟通确定听证类型和方式，再由承办人报分管副检察长审批。

2. 充实听证准备程序。案管部门负责发布听证会公告，同时针对疑难复杂案件，与业务部门共同配合做好以下工作：一是办案部门应根据实际需要，对案件材料中涉及犯罪嫌疑人姓名或其他容易暴露身份特点的信息作隐匿处理，纸质材料可添加水印，以降低不宜公开的案件信息泄露风险。二是待确定听证人员名单后，案管部

① 彭玉：《认真对待检察听证》，载《检察日报》2021 年 8 月 6 日第 3 版。

门提前3日将听证案件相关材料递交拟参加听证人员，包括简要案情、基本证据情况以及争议焦点等。三是对于听证员提出阅卷需求的，两部门应当共同做好阅卷服务保障工作。对于接受外部监督型听证，案情相对简单、事实清楚的，承办检察官可以在听证会召开前一个小时，提前向听证员通报案件基本情况，解答听证员提出的疑问，便于听证员在听证过程中发表意见。

3. 规范听证会议程序。普通听证、上门听证、简易听证按照《听证规定》《人民检察院办理控告申诉案件简易公开听证工作规定》等规定流程进行。对于集中听证，可以集中开展宣告和发表意见：一是主持人可集中宣布听证会参加人员名单，简要告知权利义务，并宣布听证会纪律；二是正式听证环节需逐案介绍案情，案件当事人可以集中发表意见；三是听证员可以在类案之间进行对比权衡后，集中发表听证意见。

4. 落实听证反馈程序。听证会结束后，承办检察官应当在案件作出处理决定3日内，将听证结果向听证员反馈。对于不采纳多数听证员意见的，应当向检察长报告并获得同意后再作出决定，同时应当做好释法说理，做好答复处理，确保问题得到妥善解决，实现“三个效果”的有机统一。

（五）做好全流程智能运用

检察听证活动在检察机关内部涉及业务部门和案管部门，对外涉及人民监督员和听证员等参与听证人员。目前，存在检察业务应用系统中听证流程不完善，对外移送案件信息和反馈不智能等问题，可以考虑开发听证系统，实现线上程序流转和对外文书传送信息化，实现听证工作全流程智能化，可以通过智能化建设完善以下功能：

1. 听证申请及听证员抽选。目前，听证的组织主要由检察机关根据案件情况主动开展，依当事人申请召开的案件较少。检察机关在办案的过程中，应当加大宣传，告知案件当事人有申请召开听证的权力，以及听证的目的、作用等内容。同时，应当明确听证的标准，做到应听证尽听证、不乱听证。业务部门检察官可在线上软件中发出听证申请，包括案件名称、听证目的类型、邀请听证员种类等，系统自动生成申请表，经案管部门初核后，由承办检察官发送检察长审批。审批后，流程进入人员抽选阶段，案管部门依据申请需求，在系统内听证员库中随机抽选听证员或者指定专家听证员，若随机抽选的听证员因故无法参加，则可以进行下一轮抽选。

2. 听证信息及案情材料发送。检察机关应当制定统一的听证通知模板，在确定听证员后，由案管部门一键操作，向拟邀请参加听证的人员发送听证通知，对于确定参会的听证员，要及时将案件信息进行保密处理后，再通过专门通道向听证员发送，便于听证员提前掌握案件情况和拟听证的内容，以提升听证效果。对于听证员要求阅卷的，做好阅卷服务保障工作，同时要求听证员线上签订保密协议，避免案件信息泄露等情况的发生。

3. 听证签到及听证反馈。听证会开始前，检察人员应当通过听证室内的电脑安排听证员及时签到；听证活动结束后，检察人员可以通过信息化手段将听证员意见采纳情况及时反馈给听证员，对于不采纳听证员意见的，应当做好解释工作，形成工作闭环。

4. 听证工作统计及人员考核。实现听证工作线上统计，可以完成听证案件类型、听证方式、检察官组织听证情况、听证员参与听证情况等数据的统计分析，方便对听证工作的整体把握。对于一年内收到邀请但拒绝参加听证活动3次以上的，或者参加听证后未能发表实质性听证意见的，系统将作出红色预警提醒，由检察机关对相关听证员的履职情况进行复核，作为是否决定其出库的重要依据，从而实现听证工作管理现代化。

当前，检察听证工作在实践开展过程中虽然还存在诸多不足之处，但不可否认的是，其在促进矛盾争议化解、提升司法公信力方面正发挥着不可替代的作用。未来，为最大化发挥检察听证制度优势，检察机关应当以检察业务管理现代化为引领，管理好检察听证活动，以规范高效的检察听证更好融入社会治理及解决各类矛盾纠纷中。

案管风采

ANGUAN FENGCAI

全国检察机关第七期案件管理工作专题研修班（流程监控培训）暨流程监控实战演练掠影

［编者按］2024 年 8 月 26 日至 31 日，最高人民检察院案件管理办公室在国家检察官学院吉林分院举办全国检察机关第七期案件管理工作专题研修班（流程监控培训）。研修班采取“赛训结合，以赛促训”的形式进行，设置了与实际办案环境相同的检察业务应用系统 2.0 测试系统，开展了案件流程监控实战演练。在实战演练中，120 名参训学员就案件受理审查、流程监控、辩护与代理登记、涉案财物登记、结案审核、内部移送法律监督线索等开展演练，进一步检验培训成果、提升工作素能。经过为期一天、共计两场的激烈角逐，10 名选手获得全国检察机关案件流程监控“标兵型人才”称号，40 名选手获得全国检察机关案件流程监控“能手型人才”称号。

图 1　全国检察机关第七期案件管理工作专题研修班（流程监控培训）现场。

图 2　东北师范大学孙堂厚教授解读党的二十届三中全会精神。

图3　最高人民检察院案件管理办公室流程处负责人邢晓冬就流程监控工作的理念、体系、机制和能力进行授课。

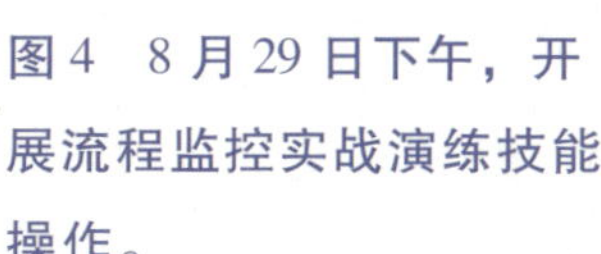

图4　8月29日下午，开展流程监控实战演练技能操作。

图 5　实战演练全程采取信息化方式抽签、答题、阅卷，有效保证考试的公平公正。

图 6　流程监控实战演练成绩公布现场，各省领队密切关注着大屏幕。

图 7　最高人民检察院案件管理办公室主任申国军在第七期案件管理工作专题研修班（流程监控培训）上作总结讲话。

图 8　全国检察机关第七期案件管理工作专题研修班（流程监控培训）获奖选手合影。

全国检察机关案件流程监控“标兵型人才”风采

◀山东省东明县人民检察院
赵艳娜

山东省昌邑市人民检察院▶
孙雪晴

◀新疆维吾尔自治区精河县人民检察院
谢仙云

北京市海淀区人民检察院▶
王涛

◀浙江省台州市人民检察院
陈静

福建省平和县人民检察院▶
林丽雨

◀浙江省苍南县人民检察院
黄秀华

吉林省人民检察院长春林区分院▶
翟龙

◀吉林省长春市新区人民检察院
郑舒天

内蒙古自治区陈巴尔虎旗人民检察院▶
苏慧

全国检察机关案件流程监控“标兵型人才”名单（10 名）

赵艳娜　　山东省东明县人民检察院

孙雪晴　　山东省昌邑市人民检察院

谢仙云　　新疆维吾尔自治区精河县人民检察院

王　涛　　北京市海淀区人民检察院

陈　静　　浙江省台州市人民检察院

林丽雨　　福建省平和县人民检察院

黄秀华　　浙江省苍南县人民检察院

翟　龙　　吉林省人民检察院长春林区分院

郑舒天　　吉林省长春市新区人民检察院

苏　慧　　内蒙古自治区陈巴尔虎旗人民检察院

全国检察机关案件流程监控“能手型人才”名单
（40 名）

陈佳琳	上海市奉贤区人民检察院
薛变霞	山西省吕梁市人民检察院
石丞炜	湖北省黄冈市黄梅县人民检察院
徐　潇	山东省德州市人民检察院
朱蒙佳	江苏省苏州市吴江区人民检察院
王　苑	江西省武宁县人民检察院
王　琳	甘肃省兰州市城关区人民检察院
蒋　桢	河南省开封市人民检察院
孙　媛	宁夏回族自治区银川市人民检察院
顾　婧	江苏省泰州市医药高新区人民检察院
刘玮琦	甘肃省通渭县人民检察院
陈　芳	浙江省余姚市人民检察院
杨　林	贵州省贵阳市云岩区人民检察院
佟　鑫	江苏省南京市高淳区人民检察院
王嘉琪	内蒙古自治区通辽市科尔沁区人民检察院
贺　君	广西壮族自治区南宁市良庆区人民检察院
胡丽娟	江西省万年县人民检察院
傅旭龙	江西省景德镇市人民检察院

李紫依　　安徽省宿州市埇桥区人民检察院
陈银英　　云南省临沧市人民检察院
廖雪竹　　广西壮族自治区南宁市人民检察院
覃会池　　贵州省黔南州人民检察院
唐丽芝　　吉林省通化市东昌区人民检察院
郭赋轩　　北京市西城区人民检察院
罗　盼　　贵州省雷山县人民检察院
李雅琼　　山西省大同市平城区人民检察院
崔　雪　　辽宁省瓦房店市人民检察院
许　杨　　四川省成都市人民检察院
王晓晴　　广东省珠海市金湾区人民检察院
潘因芝　　上海市青浦区人民检察院
王　娴　　新疆维吾尔自治区乌鲁木齐市新市区人民检察院
汪　灿　　中国人民解放军南部战区军事检察院
周芷君　　广东省佛山市南海区人民检察院
耿莉莉　　宁夏回族自治区吴忠市利通区人民检察院
康莎莎　　湖北省枣阳市人民检察院
张翠然　　天津市武清区人民检察院
苏子娴　　重庆市开州区人民检察院
田　楠　　天津市西青区人民检察院
陆祖伟　　上海铁路运输检察院
丹增卓嘎　西藏自治区曲水县人民检察院

《检察业务管理指导与参考》征稿启事

《检察业务管理指导与参考》是由最高人民检察院案件管理办公室和中国检察出版社联合创办的指导性连续出版物，以“加强工作指导、促进理论研究、解决实际问题”为宗旨，坚持理论联系实际的原则，贯彻实用性、指导性和权威性的编写特色，为全国业务管理理论研究者和实务工作者提供交流平台，欢迎广大检察人员、高等院校和研究机构的专家学者以及各界人士投稿。

一、 征稿内容和主要栏目

稿件内容为业务管理理论与实务问题研究，主要包括业务管理基础理论、检察改革背景下业务管理的职能定位，案件综合管理、流程管理、质量管理、统计信息管理、业务信息化管理等职能履行方面的理论与实务研究，检察业务应用系统的应用和完善情况、案件信息公开工作的经验及建议等。主要包括以下栏目，具体情况可以结合实际适时调整。

（一）政策指导类栏目

高层声音：中央、最高人民检察院领导关于业务管理工作的重要讲话，最高人民检察院召开的有关业务管理工作会议精神。

领导论坛：最高人民检察院案件管理办公室领导、各省级院领导有关业务管理工作的讲话、调研报告、理论文章等。

理论前沿：司法体制改革背景下，政法部门业务管理总体职能定位、主要任务、发展趋势等方面的研究成果。

政策解读：专家学者或各级院案件管理部门负责人对涉及业务管理工作的法律法规、规章制度进行的深度解读。

（二）业务研讨类栏目

业务研究：对案件综合管理、流程管理、质量管理、统计信息管理、业务信息化管理、人民监督员履职管理等各项职能进行深层次研究。

经验交流：各级检察机关案件管理部门结合实际，创新开展工作的经验做法。

典型案例：在案件受理审查、流程监控、质量评查、业务考评、业务分析研判、人民监督员履职等具体工作中形成的具有典型意义的案例或事例（附工作文书）。

（三）专题类栏目

规章制度：最高人民检察院和省级院制定下发的有关业务管理工作的规定、决定、意见、通知等规范性文件。

专项解答：针对各地业务管理工作中出现的常见问题、突出问题的专项汇总解答。

分析研判：各地围绕检察工作重点，发挥业务管理职能作用，深入开展的业务分析研判。

（四）其他栏目

案管风采：部分先进案件管理部门或者优秀案件管理人员的典型事迹材料。

检察文苑：与检察业务管理工作相关、可读性较强的纪实报告、小说、散文、诗歌、随笔等文学作品。

二、 投稿要求

1. 原创性。本书主要刊发原创的理论和实务文章。稿件如已在其他刊物发表过，投稿时请务必注明刊发的时间和刊物名称。

2. 时效性。要围绕正在开展的业务管理重点工作和亟须解决的问题组织稿件，对业务管理工作具有一定的指导和借鉴意义。

3. 内容适宜公开发表。本书向社会公开发行，请针对文章中的数据、事例等材料认真进行保密审查，防止出现不宜公开或泄密的事件。

4. 数据引用要准确。文章引用的数据要列明来源和出处，确保真实准确。

5. 署名和引注要规范。鼓励作者独立署名，也可刊发合作署名文章，但对 4 人（含 4 人）以上的署名文章一般不刊发或者作集体署名处理；文章的引注请严格依照“注释体例”的要求。

6. 作者信息要完整。应在稿件电子版内（文章结尾处，无须另附文档）直接注明作者详细联系方式，包括通信地址、邮政编码、联系电话、电子信箱等，并附作者简介。

7. 稿件形式要合规。理论研讨文章一般应当在 3000 字以上，稿件电子版（word 或 wps 格式）应以“附件”方式发送至投稿电子信箱。

三、 注释体例

注释采用脚注方式，每页不连续编号，以阿拉伯数字加圆圈标志。

（一）著作类引文注释

作者：书名，卷次，译者，出版社，出版年份，页码。

例如：

①张文显主编：《法理学》，法律出版社2004年版，第38页。

②史尚宽：《民法总论》，中国政法大学出版社2000年版，第23页。

③［德］黑格尔：《法哲学原理》，范扬、张企寿译，商务印书馆1961年版，第91页。

④H. L. A. Hart, *The Concept of Law*, Oxford University Press, 1961, p. 6 – 7.

（二）文章引文注释

作者：文章名，本书作者，所载书刊名，卷次，出版社，出版年份，页码。

例如：

①俞荣根、刘霜：《立法助理制度述论》，载《法学杂志》2007年第2期。

②周光权：《违法性意识与犯罪故意的关系》，载陈忠林主编：《全国中青年刑法学者专题研讨会文集·违法性认识》，北京大学出版社2006年版，第28页。

③李希慧等：《“轻轻重重”应成为一项长期的刑事政策》，载《检察日报》2005年5月26日第3版。

④Julius Stone, “Roscoe Pound and Sociological Jurisprudence”, in 78 *Harvard Law Review* (1965), p. 1578.

（三）数字和书名号的用法

1. 除引用原文外，文章中出现的数字（不含序数）均使用阿拉伯数字。

例如：

《中华人民共和国刑事诉讼法》第159条明确规定："对犯罪嫌疑人可能判处十年有期徒刑以上刑罚，依照本法第一百五十八条规定延长期限届满，仍不能侦查终结的，经省、自治区、直辖市人民检察院批准或者决定，可以再延长二个月。"这说明可能判处10年以上有期徒刑的犯罪嫌疑人被羁押的时间最长可达7个月。

2. 法律法规除全称需要书名号外，简称均不加书名号（加括号规定简称的除外）。

例如：

我国刑法中对被害人承诺没有明文规定，应当在立法中予以明确。

《最高人民法院案件审限管理规定》（以下简称《审限管理规定》）中明确规定："审判人员故意拖延办案，或者因过失延误办案，造成严重后果的，依照《人民法院审判纪律处分办法（试行）》第五十九条的规定予以处分。"

四、 投稿联系方式

1. 投稿邮箱。邮件请注明"《检察业务管理指导与参考》投稿"及主题，检察内网发至 agb_ zdyck@ gj. pro，外网发至 agbzdyck@ 163. com。

2. 本刊编辑部地址。北京市东城区北河沿大街147号最高人民检察院案件管理办公室，邮编：100726。

3. 编辑部电话：010－65200308。

2025年《检察业务管理指导与参考》征订单

《检察业务管理指导与参考》是由最高人民检察院案件管理办公室和中国检察出版社联合创办的指导性连续出版物，以“加强工作指导、促进理论研究、解决实际问题”为宗旨，坚持理论联系实际的原则，贯彻实用性、指导性和权威性的出版特色，为全国业务管理理论研究者和实务工作者提供交流平台。

2025年《检察业务管理指导与参考》全年6辑，每辑定价40元，全年定价240元，面向全国公开发行。现2025年征订工作已经开始，欢迎各级人民检察院和相关部门订阅。各订阅单位可通过中国检察出版社官网（www.zgjccbs.com）进行网上订购，也可采用纸质订购方式，汇款后请填写订购回执单（见下页，复印有效）并传真至出版社。

中国检察出版社

2024年11月

2025 年《检察业务管理指导与参考》订书回执单

订购单位名称		经手人		
地　址		电话 （手机）		
单位统一信用代码				
电子发票接收邮箱				
书　名		定价	订数	金额
2025 年《检察业务管理指导与参考》		240.00		
合计金额	万　　仟　　佰　　拾　　元整			
备注：款到三个工作日左右，发票发送至您的邮箱！				

订购方式说明

第一种：网站订购（www.zgjccbs.com）（不用发传真、款到开票）

1. 网站下单，直接在线支付（微信、支付宝）
2. 网站下单，银行汇款需备注订单编号后 6 位数字

网站订购负责人张惠 010－86423745、18101137669　技术咨询 010－86423763

第二种：微信订购（仅支持微信在线支付）

1. 使用微信扫描右侧二维码可直接在线订购
2. 了解最新书讯请关注"中国检察出版社"微信公众号

第三种：传真订购

书款汇至出版社账号后，务必将订书回执单填写完整并传真至 010－68659465

中国检察出版社账户信息

户　名：中国检察出版社有限公司　　账　号：11050164860000000056
开户行：建设银行北京西山枫林支行　　行　号：105100050751

中国检察出版社各省订购负责人：

盛　丹 010－86423727　18101137660（微信同号）传真 010－68659465
（北京、天津、山西、陕西、河北、黑龙江、吉林、辽宁、内蒙古、青海、山东）
董艳芬 010－86423726　18101137661（微信同号）传真 010－68659465
（河南、浙江、江苏、安徽、上海、福建、甘肃、江西、新疆、西藏）
薛建娜 010－86423728　18101137662（微信同号）传真 010－68659465
（广东、广西、海南、重庆、四川、云南、贵州、湖北、湖南、宁夏）